Das gesprochene Bild

FLORIAN REINERS
SUSANNE ALTWEGER

DAS GESPROCHENE BILD

DIE METHODE „BILDER SPRECHEN“ ZUR KÜNSTLERISCHEN SPRACHGESTALTUNG

FALTER VERLAG

ISBN 978-3-85439-714-4

1011 Wien, Marc-Aurel-Straße 9
T: +43/1/536 60-0
E: bv@falter.at, service@falter.at
W: faltershop.at

Autor/Autorin: Florian Reiners, Susanne Altweger
Lektorat: Helmut Gutbrunner
Umschlagdesign: Raphael Moser
Grafik und Layout: Marion Großschädl
Druck: Florjančič tisk d.o.o., SL 2000 Maribor

FSC
www.fsc.org
MIX
Aus verantwortungs-
vollen Quellen
FSC® C106954

Wir haben bei diesem Buch im Sinne der Umwelt
auf die Verpackung mit Plastikfolie verzichtet.

Inhalt

Vorwort

An wen richtet sich dieses Buch?

Kurz gesagt an alle, die mit Sprechen Erfolg haben wollen.

Eine beeindruckende sprechkünstlerische Textinterpretation erzeugt mediale Aufmerksamkeit.

Damit haben wir jahrzehntelange Erfahrung: Florian Reiners als Schauspieler, TV-Coach und Universitätsprofessor für Sprachgestaltung am Max Reinhardt Seminar in Wien; Susanne Altweger als Schauspielerin und Regisseurin sowie als Kommunikationstrainerin für große Unternehmen.

Wir kennen die intensive Suche nach dem richtigen Ausdruck, die gefürchteten Erlebnisse, dass ein auswendig gelernter, immer wieder geprobter Autorentext leer und hohl wird. Es ist wie verhext, man gerät in ein kreatives Loch.

Bilder sprechen ist ein bisher noch nicht beschriebenes kreativ-visuelles Instrument, eine innovative Methode zu differenzierter Textgestaltung – mit dem Ziel, dem individuell gesprochenen Wort zu Lebendigkeit, Spontaneität, Unmittelbarkeit zu verhelfen.

Wir wollen die Verbindung von Gedanke, Bild und Sprechausdruck mit eigenen Erfahrungen und Arbeitshypothesen deutlich machen.

Die Methode *Bilder sprechen* ist ein Weg der Textinterpretation und dient der Kunst des Sprechens. Ziel ist es, durch die Verknüpfung mit inneren Bildern fremde Texte so spontan und lebendig werden zu lassen, dass sie die Zuhörerschaft in ihren Bann ziehen.

Bilder sprechen gehört in den Methodenkoffer folgender Berufsgruppen: Student*innen der Schauspielkunst, Schauspieler*innen, Berufssprecher*innen für Hörspiel, Hörbuch, Podcast und mit dem Sprechen befasster Lehrender.

Ihr Weg durch das Buch

Das Sprechen ist ein natürlicher Vorgang, der unbewusst abläuft und durch viele Faktoren geprägt ist: Nachahmung, Vorbilder, Sprachfärbungen, Dialekte, Konventionen etc.

Die stimmliche Wiedergabe von fremden, womöglich aus einer anderen Zeit stammenden Texten wird als unnatürlich empfunden. Spontaneität und Lebendigkeit lassen zu wünschen übrig.

Die Methode *Bilder sprechen* zeigt Wege, die es erlauben, Spontaneität und Lebendigkeit auf zu reproduzierende Autorentexte zu übertragen.

Das Mittel dazu sind verinnerlichte Bilder. Diese entstehen durch **Anreichern**, also durch die intensive Beschäftigung mit dem Text, den Autor*innen und der Zeit, in der der Text entstanden ist.

Erste Überprüfungen der Wirksamkeit dieser Methode erfolgen durch halblautes Lesen und im Gespräch mit den Zuhörenden.

Durch **Verknüpfen** werden die Texte zunächst in Sinnportionen unterteilt; durch die folgende Verknüpfung mit inneren Bildern sind sie dann sinnhaft verfügbar.

Dabei geht man so vor, dass man sich Signalbilder, zum Beispiel Personen aus Filmszenen oder erlebtem Alltag, sucht und diese spielerisch miteinander verknüpft.

Für das **Interpretieren** werden diese inneren Bilder dann wiederum mit den Textstellen verbunden, so dass sie jederzeit abrufbar sind und somit dem Sprechen Spontaneität verleihen.

Daraus entsteht eine lebendige Interpretation.

Wir untermauern zum vertieften Verständnis die Methode mit vielfach erprobten wissenschaftlichen Erkenntnissen und anschaulichen Beispielen.

Wer nicht so sehr in die Tiefe gehen will, kann gleich in den praktischen Teil einsteigen und üben.

Sollten Sie sich dann allerdings fragen, warum das so gut funktioniert, blättern Sie einfach zurück.

VOM BILD ZUM WORT

„Die Welt ist so voll von so vielen Dingen,
dass ich sicher bin, wir sollten alle glücklich sein wie die Könige"[1]

Ernest Hemingway

Schauspieler*innen können sich glücklich schätzen. Sie haben die Gelegenheit, sich hauptberuflich mit dem Reichtum der Dichtung, mit der Schönheit oder Absurdität der Sprache und mit dem eigenen Körper und seinen Ausdrucksmöglichkeiten zu beschäftigen.

Hamlet sagt: „Worte, Worte, nichts als Worte".

Und doch ist in jedem Wort ein Kosmos verborgen, ein Schatz, den es zu heben gilt. Unser Innenleben ist voll von Bildern und Eindrücken, täglich kommen neue hinzu. Lassen Sie sich inspirieren, die reiche Fülle des Lebens für die Gestaltung der Sprache zu nutzen.

Das gesprochene Wort

Die Energie spontanen Sprechens auf reproduzierendes Sprechen eines vorgegebenen Textes zu übertragen ist eine große Herausforderung.

Das gesprochene Wort im täglichen Leben ist spontan, einfach und unmittelbar. Unsere Gedanken und unsere Worte sind meist kongruent. Die Begrüßung „Ich freue mich, dich hier zu sehen!" ist oft von einem Lächeln und Herzlichkeit begleitet, eben weil wir nicht nur sagen, dass wir uns freuen, sondern uns auch tatsächlich freuen. Wenn wir sagen, „Ich hätte eine große Bitte an dich:", dann sprechen wir automatisch den Doppelpunkt mit, um das Gegenüber in eine aufmerksame Haltung zu versetzen. Wir wollen in diesem Fall die Zuhörenden erreichen, etwas in ihnen auslösen, sie bewegen und berühren.

Unsere Stimme gibt wie ein Seismograf unsere seelischen Stimmungen wieder. Unsere *Worte* werden zu einem hörba-

[1] Zit. n. Wolfgang Stock: „Cabo Blanco". Mit Ernest Hemingway in Peru. BoD – Books on Demand, Norderstedt 2022.

ren Bild unserer Vorstellung und spiegeln den einzigartigen Moment unseres Lebens wider.

Leider passiert einem Rollentext im Probenprozess häufig das Gegenteil: Die Sprache wird nicht mit der Figur verknüpft und wirkt somit unecht.

Ist das der Fall, versuchen die Sprecher*innen oft, die von ihnen beabsichtigte Wirkung mit schlecht geeigneten äußeren Mitteln zu erreichen: durch Überbetonung oder eine künstlich erzeugte Sprechstimme, gehaucht, geflüstert oder auch gebrüllt.

Die Zuhörenden erleben die Sprache dann nicht unmittelbar, sie fühlen sich gegängelt oder manipuliert. Man fragt sich, was das soll. Im Theater verlässt man dann vielleicht in der Pause die Aufführung, im Fernsehen wird weggezappt.

Selbst wenn Schauspieler*innen den Text sinngemäß sprechen, ihn thematisch erforschen und zu einer Interpretation gefunden haben, also im Vorfeld sehr fleißig waren, kann es sein, dass der gesprochene Text statt als sinnlich Erlebbares nur als Information landet.

In diesem Fall sind Sprecher*innen, ihre Sprechabsicht und der Inhalt des Textes nicht miteinander verbunden.

Wie kommt es dazu?

Ganz einfach: In der Textvermittlung fehlen die inneren Bilder der Sprechenden, die die Worte zu den Zuhörer*innen transportieren und in diesen wiederum deren Bilder vom Inhalt entstehen lassen.

Ein Bild sagt mehr als tausend Worte

„Jede Sprache ist Bildsprache", lernen wir vom großen Humoristen Wilhelm Busch. Er war der Loriot seiner Zeit.

Zu seinen griffigen Versen zeichnete er Bilder, die jedem unvergesslich bleiben. So werden Wort und Bild in unserem Gehirn verknüpft.

Liebe Leser*innen, was sehen Sie bei diesen Versen vor sich?

„Ach was muss man oft von bösen
Kindern hören oder lesen!
Wie zum Beispiel hier von diesen,
welche Max und Moritz hießen."

Genau: Sie sehen die beiden frechen Buben mit den charakteristischen Frisuren.

Und so geht es Ihnen mit dem Lehrer Lempel und der Witwe Bolte. Und wenn Sie an Loriot denken, sehen Sie vermutlich Gesichter mit Knollennasen, Herrn Müller-Lüdenscheid in der Badewanne, Hund Wum oder denken an eine der Verfilmungen. Die Bilder sind Ihrem Gehirn eingeschrieben, für alle Zeiten.

Das Gehirn ist manipulierbar, nicht nur durch Sprache und Stimme, sondern vor allem auch durch Bilder. Sie können Menschen aufhetzen oder beruhigen, verzaubern und verführen.

Mit inneren Bildern arbeitet zum Beispiel jede Entspannungstechnik.

Besonders wirksam ist es, mit sanfter Stimme zu sagen: „Stellen Sie sich vor:" Das Hirn schaltet in den „bildhaften Aufmerksamkeitsmodus" um.

Ein kleines Beispiel dazu:

Wenn ich sage: „Stellen Sie sich bitte vor, Sie liegen an einem weißen Sandstrand im Schatten von Palmen, eine leichte Brise umspielt Ihre Haut und Sie blicken auf ein spiegelglattes, tiefblaues Meer."

Haben Sie gerade die Eiger-Nordwand im Winter vor sich gesehen? Natürlich nicht. So einfach funktioniert Suggestion. Es sei denn, Sie wehren sich aktiv dagegen.

Ein kleiner Ausflug in die Wissenschaft

Warum gelingt die *bildliche* Manipulation besonders gut?

Um das zu verstehen, greifen wir auf das Modell der Hirnhemisphären zurück. Auch wenn dieses aus heutiger wissenschaftlicher Perspektive durchaus kritisch und differenziert gesehen wird, gilt es als gesichert, dass die Hemisphären unterschiedliche, spezielle Fähigkeiten haben. Die linke Gehirnhälfte übernimmt vorwiegend die sprachlichen Funktionen, Rechnen und logisches Denken. In der rechten Gehirnhälfte werden Bilder, Musik und Symbole verarbeitet. Dazu gehören auch Visualisierung und Kreativität. Gute Sprecher*innen machen sich dies zunutze, indem sie auch bei einem noch so faktenorientierten Vortrag das Publikum immer wieder dazu animieren, die rechte Gehirnhälfte zu benutzen.

Nun haben wir festgestellt, dass Sprache manipulativ sein kann. Leider sind wir es gewohnt, den Begriff nur negativ zu verwenden. Es gibt aber auch konstruktive Manipulation!

Die Methodik *Bilder sprechen* zielt darauf ab, einen vorgegebenen, zu reproduzierenden Text mit der gleichen Energie wie beim spontanen Sprechen stattfinden zu lassen. Sie nutzt das freie Spiel mit den inneren Bildern einer Figur, die man in der Vorarbeit gedanklich erzeugt hat.

Ziel ist, diese inneren Bilder in der Sekunde des Sprechens abrufbar zu machen. Sie müssen verlässlich zur Verfügung stehen.

Es handelt sich um ein assoziatives Vorgehen und um „konstruktive Selbstmanipulation".

Das Prinzip ist einfach, erfordert aber eine präzise Vorbereitung. Die Technik ist bei sämtlichen Sprechtexten hilfreich. Von Shakespeare bis zu Serien.

Das Prinzip der Pluralität

„Bin ich das? oder das? oder das?", fragt Valerio in Georg Büchners „Leonce und Lena".

Was Büchner seiner Figur so intuitiv in den Mund legte, hat im 20. Jahrhundert der bekannte Kommunikationsfachmann Friedemann Schulz von Thun zur wissenschaftlichen Methode erhoben. Der große Psychologe und Philanthrop entwickelte die „Lehre vom Inneren Team".

Diese ist vielseitig anwendbar. Es geht schlicht um die „innere Pluralität des Menschen", den Chor von inneren Stimmen, die bestimmte Eigenschaften von uns verkörpern.

So hilft es zum Beispiel bei Konflikten und Entscheidungen zu differenzieren, welche der inneren Stimmen das Sagen hat.

Zum Beispiel kann „der oder die Mutige" mit einem eher zögerlichen Persönlichkeitsanteil in einen inneren Dialog treten.

Kurz zusammengefasst: Für eine bestimmte Aufgabe wird ein Team aus inneren Persönlichkeitsanteilen gebildet. „Die situationsgerechte Aufstellung wird auf Stimmigkeit geprüft und als Methode der Selbstberatung angewendet."[2]

Auch wenn es gewisse Ähnlichkeiten oder Überschneidungen mit der Lehre vom Inneren Team gibt, ist die Methode *Bilder sprechen* eine ganz eigenständige Kreation. Bei der künstlerischen Arbeit mit der Sprache wird auf Teilpersönlichkeiten zurückgegriffen, jedoch nicht auf die eigenen inneren Persönlichkeitsaspekte, sondern auf „geliehene" Personen. Dies ist eminent wichtig. „Geliehene" Personen aus unterschiedlichsten Quellen, wie zum Beispiel Filmfiguren, lassen mehr Assoziationsmöglichkeiten zu und rufen nicht alte, vielleicht unverdaute Bilder aus der eigenen Lebensgeschichte in uns auf.

Auch reflexhafter Widerstand, weil womöglich zu tief in die Psyche eingegriffen wird, lässt sich so vermeiden.

Hervorzuheben ist auch, dass sich die Methode von der Schauspieltechnik des Method-Actings nach Lee Strasberg entschieden distanziert.

Bei ihm geht es kurz gesagt darum, für jede Rolle tief in die eigene Seele einzutauchen, um dort anhand erlebter Ereignisse die Auslöser für Szenen einer Rolle zu finden.

Zum Beispiel kann die Erinnerung an das erste Verliebtsein bei dieser Methodik als Spielanlass in einer Theaterszene genutzt werden.

Das ist etwas mühselig und kann nur unter sehr günstigen Bedingungen ausprobiert werden. Wer am Theater

2 Friedemann Schulz von Thun: Miteinander reden. Band 3: Das „Innere Team" und situationsgerechte Kommunikation. Berlin, 1998, S. 18 f.

arbeitet, weiß, dass die Reproduzierbarkeit verlässlich gegeben sein muss. Nur so hat das Publikum Gewissheit, dass die Schauspieler*innen jeden Abend ihr Bestes geben. Bei einer Boulevardkomödie muss einfach die Pointe sitzen, es kommt nicht auf die seelische Stimmung an. Bei schlecht vermitteltem Method-Acting besteht zudem die Gefahr, zu tief in ein privates Erlebnis zu rutschen und womöglich nicht aufgefangen zu werden. Das kann traumatisierend sein und unter Umständen landet man nicht auf der großen Bühne, sondern beim Psychiater.

Wir beschränken uns bei *Bilder sprechen* auf die Arbeit am künstlerischen Wort. Gemeint ist also der Bereich zwischen Sprechen und Spielen, dem Interpretieren und dem Sprechen von Texten.

Bilder sprechen ist ein wesentliches Element bei der Entwicklung der Rolle.

Exkurs: Die Entwicklung des Sprechens in den letzten 120 Jahren – Sprache ist Konvention

Auch die Sprache unterliegt der Mode. Bei optischen Eindrücken fällt uns das sofort auf. Wir leben in einer „Augenkultur".

Wer will heute eine Wagner-Oper sehen, wie sie bei der Uraufführung in Bayreuth stattgefunden hat? Mit gepanzerten Walküren mit Flügelhelmen in einem romantisierenden Bühnenbild? Wohl kaum jemand. Regisseur*innen, die auf solche Stilmittel zurückgreifen, würden auf der Stelle ausgebuht. Es sei denn, die Sache ist als Parodie ausgewiesen.

Dies gilt natürlich auch für das Sprechtheater und im Film. Bei Letzterem lässt sich die Veränderung am besten nachvollziehen. Es gibt genügend Dokumente seit den ersten Stummfilmen. Wobei Qualität ganz unterschiedlich erlebt wird. Da kann ein dreißig Jahre alter Film heillos antiquiert wirken, während etwa Klassiker von Hitchcock aus den Vierzigerjahren immer noch als Kunstwerke gelten. Synchronisierte Filme wirken im Übrigen meist zeitloser. Machen sie mal ein kleines

Experiment: Schauen Sie in einen x-beliebigen deutschen Film der Vierziger- oder Fünfzigerjahre und schließen Sie dabei die Augen. Sie werden merken, dass man eine vollkommen andere Art der Diktion pflegte und die Stimmen anders geführt wurden. Auffallend dabei ist: Sie sind heller und haben mehr Metall.

Die Bühne um 1900

Deklamieren und edles Pathos waren damals angesagt. Der Schauspielergott seiner Zeit, Josef Kainz, wurde geradezu mystisch verehrt, „als hätte er der Welt die Sprache gebracht wie Prometheus das Feuer“[3], so der Regisseur Jürgen Fehling. Heute würde man sagen: „Das ist ja nicht auszuhalten.“ (Auf Youtube ist der berühmte Hamlet-Monolog abrufbar.) Tempi passati!

Die Zwanziger- und Dreißigerjahre

Der Theater-Gigant Bertold Brecht mit seinem untrüglichen Gespür für Publikumswirksamkeit propagierte „Deklamation in offenem, unpfäffischem Ton, mit Vermeidung sonorer Kadenzen, Crescendo und Tremolos“[4].

Die Zeit des Faschismus

Auffallend ist eine gewisse militärische Schnoddrigkeit. Wieder ist Pathos angesagt, mit dem Zweck, ständig den großen Führer zu loben. Bühne und Film wurden instrumentalisiert, um offen oder versteckt politische Botschaften rüberzubringen.

Die Fünfziger- und Sechzigerjahre

Die Wiederholungen von Filmen aus dieser Zeit im Nachmittagsprogramm bieten ein unerschöpfliches Anschauungs- bzw. Anhörungsmaterial.

Man kann mit geschlossenen Augen treffsicher das Jahr ihrer Entstehung nennen! Alles ist ein wenig zu munter, die Frauen sind meist kess, die Männer wirken wichtigtuerisch.

[3] Christine Dössel: „Schöne Stimmen“. Süddeutsche Zeitung, 30.4.2016.
[4] Ebd.

Am Theater aber entstand eine hohe Sprachkunst, wenngleich sie nicht mehr die unsere ist. Zu schön, zu heldisch, zu gekonnt. Exemplarisch für diese Zeit der ganz großen Sprecher und Spieler sind Gustav Gründgens und Will Quadflieg. Die Aufnahmen stehen in jedem guten Archiv zur Verfügung und sind es wert, wieder einmal angehört zu werden.

Ein besonderer Fall ist Oskar Werner. Seine wunderbare, unverwechselbare Stimme und die nie abgelegte weiche österreichische Färbung trugen wesentlich zu seinem Charisma bei. Wenn man sich die deutsche Fassung von François Truffauts Film „Jules et Jim“ ansieht, in der sich Werner nicht selbst synchronisieren durfte, weil man sich über die Bezahlung nicht einigen konnte, hat man fast das Gefühl, als hätte er mit der Stimme seine Persönlichkeit verloren.

Die Achtundsechziger und das moderne Regietheater

Die Kulturrevolution von 1968 fegte auch die Schönsprecher hinweg, wobei wir diesen Ausdruck eigentlich für unstatthaft halten. Will Quadflieg etwa bemerkte einmal, wie kränkend solche Zuweisungen für ihn waren. Aber Faktum ist, dass sie einfach unglaublich gut artikulieren konnten, ihre Sprechwerkzeuge waren trainiert wie die Muskeln eines Marathonläufers. Ohne ein gutes Workout gingen sie nicht auf die Bühne.

Die Siebziger- und Achtzigerjahre

Im Zeitalter des „verinnerlichten Theaters“ waren „psychologische Einfühlungsspieler“[5] gefragt. Peter Stein umgab sich mit einer „Familie“ großartiger Egodarsteller*innen, die alle auf sehr unverwechselbare Weise sprachen: manche gut, manche weniger gut verständlich.

Berüchtigt war der große Silbenschlucker Ulrich Wildgruber. Trotzdem darf sich glücklich schätzen, wer diese Bühnenpersönlichkeit einmal live erleben durfte.

5 Ebd.

Die Postmoderne

Anything goes! Es darf gebrüllt (leider viel zu viel), genuschelt, gerülpst und gekotzt werden. In dem Bestreben, den persönlichen Sprechton bestmöglich zu transportieren, wird häufig ein Mikroport benutzt. Das Publikum hat sich daran gewöhnt und ist manchmal froh, wenn die Schauspieler*innen nicht brüllen müssen und trotzdem verständlich bleiben. Nicht zu vergessen: Häuser wie das Burgtheater waren für „Sprachsänger" wie Josef Kainz und Alexander Moissi konzipiert.

Die oft zitierte Krise des Theaters hat auch mit der Entwicklung der Sprache zu tun. Die einheitliche Bühnensprache wird seltener genutzt und es wird nach Herzenslust experimentiert. Grundsätzlich ist Entwicklung immer zu begrüßen. Eine Binsenweisheit: Leben ist Veränderung! Zurzeit einigt man sich meist auf ein „gekonntes, interpretationsfähiges Sprechen", nicht auf einen Privatjargon. Der Fachausdruck dafür ist „stilisierte Alltagssprache". Es klingt wie Alltagssprache, ist aber gedanklich verdichtet und professionell gesprochen.

Sprache ist Konvention

Sprachliche Übereinkünfte entsprechen dem, was sich eingebürgert hat – und natürlich den Höflichkeitsregeln.

Jeder „Game of Thrones"-Fan weiß, dass im Mittelalter die Anrede für höher Gestellte „Ihr" oder „Euch" war. Im 20. Jahrhundert hat sich nicht zuletzt durch Ikea („Wohnst du noch oder lebst du schon?") und das Internet eine breite Du-Kultur entwickelt. Bei Xing, Facebook und anderen Netzwerken ist das Du üblich. Wir haben uns entschlossen, unsere Leserschaft ganz altmodisch mit Sie anzusprechen.

Sprache braucht die Stimme. Sie ist das Instrument der Vermittlung. Sie ist mit ihrem Klang Gestalterin, ist Ausdruck der Seele. Wir haben auf Schauspieler und ihre Vortragsstile hingewiesen. Heute, im 21. Jahrhundert, sind viele unserer Hörgewohnheiten von Rundfunk und Fernsehen geprägt. Die einzelnen Sender haben ein Zielpublikum und danach suchen sie die Sprecher*innen aus. Nehmen wir zum Beispiel Ö3 oder

WDR 1 Live. Die Ansagen klingen jung, frisch, oft ein bisschen zu gewollt lustig. Dann drehen Sie weiter zu WDR 3 Kulturradio, Klassik Radio oder Ö1. Warme, samtige Stimmen führen durch das Programm. Ein gutes Beispiel ist Holger Wemhoff, der Chef von Klassik Radio.

Im Fernsehen sind wir es gewohnt, dass die Nachrichten sachlich und emotionsfrei vermittelt werden. Egal ob große Freude oder tiefe Tragik, die Sprecher*innen müssen vollkommen neutral bleiben. Sie brauchen auch keine Bilder sprechen, denn diese werden mitgeliefert.

Vom absolut monotonen Einerlei wird befallen, wer mit dem Auto unterwegs ist und die halbstündigen Staumeldungen hört. Die werden so lieblos und in so affenartiger Geschwindigkeit heruntergenudelt, dass das Gehirn kaum Aufnahmebereitschaft zeigt. Man muss sich höllisch konzentrieren, wenn man wissen will, ob die Autobahn, auf der man gerade unterwegs ist, vom Stau betroffen ist.

Noch mehr gefährdet abzuschalten ist man bei automatischen Ansagen. Stellen Sie sich vor, Sie sitzen im Flugzeug, Ihre Flugbegleiterin macht die übliche Bordgymnastik und über das Band werden die Sicherheitsvorkehrungen vorgelesen. Jeder Mensch, der viel fliegt, schaltet auf der Stelle ab und denkt sich: „Wird schon gutgehen." Stellen Sie sich die Szene nun einmal ganz anders vor. Sie sitzen im Flugzeug, spielen mit Ihrem Handy und plötzlich werden Sie ganz warm und freundlich mit folgenden Worten aufgemuntert: „Meine Damen und Herren, liebe Reisende, ich weiß, Sie haben das schon tausendmal gehört. Aber heute komme ich mit einem besonderen Anliegen zu Ihnen: Hören Sie mir bitte zu. Was ich Ihnen zu sagen habe, kann von großem Interesse für Sie sein und im Ernstfall über Leben und Tod entscheiden." Die ersten Passagiere werden ihre Journale beiseitelegen und aufhören, am Handy rumzuspielen.

Und dann wendet sie sich mit folgenden Worten direkt an einen Passagier: „Ja, auch Sie, der Herr in der dritten Reihe mit dem roten Pullover, der gerade ein wenig mürrisch in seine Zeitung schaut. Auch Sie meine ich."

Der Betreffende wird rot anlaufen, je nach Temperament wird er sich ertappt fühlen und verlegen grinsen oder wütend losbrüllen: „Was erlauben Sie sich!“

Ganz bestimmt haben Sie jetzt innere Bilder gesehen. Sie waren im Flugzeug und haben sich eine Flugbegleiterin vorgestellt, und weil ich diese als warmherzig und freundlich beschrieben habe, ist sie vor ihrem inneren Auge vermutlich auch hübsch. Und Sie sehen den Herrn im roten Pullover. In Ihrer Erinnerung haben Sie vielleicht sogar sich selbst gesehen.

Die Konvention wurde verlassen und die Welt der inneren Bilder hat sich aufgetan.

BILDER SPRECHEN

DIE ARBEITSWEISE

„Worte sind nur das Ergebnis Ihrer Beobachtungen. Es wäre lächerlich, bloß Worte herzusagen. Erst nachdem Sie etwas gesehen haben, kommen die Worte.“

Stella Adler, „Die Schule der Schauspielkunst“

Nach diesen Betrachtungen zur Stimm- und Sprachgestaltung kehren wir zurück zum Modell der inneren Pluralität und den Bilderwelten.

Im spontanen Sprechen erklingen alle Facetten unserer Persönlichkeit: Wir sind Berufsfigur, Partner*in, Freund*in, Mutter, Vater, Schwester, Bruder, Sohn oder Tochter etc. Das heißt, die verschiedenen Anteile unserer Persönlichkeit sind aktiv und kombinieren sich fließend und dem Ausdruck adäquat.

Durch das bewusste oder unbewusste Einnehmen der Rolle (Role-Taking) geben wir ihr stimmliche Nuancen und sprachliche Feinheiten.

Ein energisches mütterliches „Räumst du jetzt endlich dein Zimmer auf“ klingt anders als die kleine Schwester, die sagt: „Lass uns noch ein bisschen spielen“.

Ich wette, schon beim Lesen hören Sie eine strenge Erwachsenenstimme und ein kleines Kinderstimmchen.

Bei der Vorarbeit gilt es sich anzureichern, den inneren Schatz zu füllen. Dazu gibt es mehrere Möglichkeiten.

Beobachtung

Voraussetzung für lebendige künstlerische Arbeit ist grundsätzlich das Interesse an Menschen. Jeder Mensch, den Sie kennenlernen, kann als Ausgangsmaterial dafür dienen. Dazu ein kleines Beispiel: Sie stehen an der Bushaltestelle und beobachten einen Mann. Er ist ziemlich schlecht gekleidet, insgesamt unauffällig, weder groß noch klein, weder jung noch alt. Dies allein ist vielleicht zu wenig, um die Aufmerksamkeit auf sich zu ziehen. Aber die Art und Weise, wie er in sein Handy spricht, könnte ungewöhnlich sein. Die Sätze kommen stoßweise, er spricht abgehackt und aufgeregt. Dabei beginnt er heftig mit der anderen Hand zu gestikulieren.

Ist, während Sie dies lesen, ein inneres Bild entstanden? Vermutlich. Es genügt, dieses Bild innerlich abzuspeichern. Aber natürlich sind auch kleine Notizen hilfreich. Das innerlich abgespeicherte Bild kann ein Teilaspekt Ihrer künftigen Arbeit werden.

Aktive Aufmerksamkeit

Für ein lebendiges Sprechen ist alles Lernmaterial, natürlich auch Fernsehen, Film- und Theaterbesuch.

Wenn Sie denken, diese oder jene gesehene Figur ist irgendwie beeindruckend, machen Sie sich kurze Notizen, warum das so ist. Manchmal hat ein Mensch eine besonders interessante Gangart, manchmal ist die Mimik eindrucksvoll. Natürlich gibt es Lieblingsschauspieler*innen. Sie werden aber feststellen, dass auch diese nicht immer gleich gut sind. Manchmal liegt Ihnen eine Figur ganz besonders, ein andermal kommen Sie nicht zur Geltung, weil vielleicht Rolle und Drehbuch nicht überzeugend sind.

Machen Sie sich reich mit Bildern, die etwas in Ihnen auslösen.

Fragen stellen

Zur Vorarbeit für eine Textarbeit gehören die klassischen W-Fragen:

Wer bin ich?
Wo spielt die Szene?
Wie verhält sich meine Figur (Rolle) in dieser Situation?
Welche Situation ist gerade gegeben?
Was ist die Botschaft, die ich rüberbringen will?
Was ist nach dem ersten Lesen mein Eindruck?

Diese Liste kann beliebig verlängert werden:

Was gefällt mir am Text?
Was erfahre ich an Eckdaten und Fakten?
Was ist das Thema des Textes?
Welche Entwicklung des Themas gibt es im Text?
Worauf habe ich Lust bei dieser Textarbeit?

Innere Bilder selbst erzeugen

Sie wollen sich auf einen Monolog oder eine Rolle vorbereiten. Sie haben das Stück gelesen und im Vorfeld die Methode des Anreicherns geübt. Trotzdem haben Sie das Gefühl, noch keinen perfekten Zugang zum Text zu haben. Dann nutzen Sie die Kraft des Unbewussten.

Begeben Sie sich in eine bequeme Lage, verwenden Sie eine Entspannungsmethode, die Sie bereits gelernt haben (zum Beispiel autogenes Training), und sagen Sie mit Ihrer inneren Stimme: „Wer ist diese Person, mit der ich mich gerade auseinandersetze?" Lassen Sie ein inneres Bild entstehen, das dazu passt. Es kann irgendetwas auftauchen, vielleicht nur eine Farbe oder eine Form, vielleicht aber auch eine Szene oder eine Erinnerung. Alles, was kommt, ist gut und richtig. Halten Sie diese Übung kurz und wecken Sie dann selbst ihre Lebensgeister, indem Sie sich strecken und räkeln oder, wie im autogenen Training, die Fäuste ballen und die Arme mit einem kräftigen Ruck zu sich ziehen. Es ist wichtig, dass Sie nicht im Entspannungsmodus bleiben. Anschließend notieren Sie mit wenigen Worten das Erlebte.

Exkurs: Wort und Bild. So arbeitet unser Gehirn

Nachdem das Vorverständnis geklärt ist und wir uns geeinigt haben, dass eine dramatische Figur immer aus verschiedenen Teilfiguren besteht, suchen Sie *als Erstes* die unterschiedlichen Facetten dieser Figur.

Lassen Sie Ihre Fantasie spielen!

Zum Beispiel können Sie in einer Gerichtsszene den Angeklagten, Richter und Kläger in einer Person vereinen, daneben noch den Ehemann, Vater, Alkoholiker etc.

Sie begeben sich auf Forschungsreise zu den *inneren Bildern* der Figur.

„Am Anfang war das Wort?"

Nein, war es nicht! Vielleicht in der Bibel, aber nicht in der Entwicklung des Menschen. Wenn wir auf die Welt kommen, erleben wir automatisch eine Explosion an Eindrücken. Das Baby kann diese nicht zuordnen und die einzigen Ausdrucksmöglichkeiten, die ihm zur Verfügung stehen, sind Weinen und Schreien sowie mehr oder weniger willkürliche Zuckungen mit den Armen und Beinen. Es wird in sein Bettchen gelegt und Gesichter beugen sich über dieses Bettchen.

Meist werden es lachende oder lächelnde Gesichter sein, denn zunächst einmal löst das kleine Wesen Freude aus. Etwa nach sechs Wochen beginnt das Baby zu reagieren. Es ist sicher einer der glücklichsten Momente für eine Mutter oder einen Vater, wenn das Kind zurücklächelt. Von da an beginnt die neuronale Vernetzung des Gehirns.

Das Kind nimmt immer mehr Eindrücke auf, viele davon wiederholen sich und allmählich beginnt die Zuordnung. Das Kind wird auf etwas zeigen, was seine Aufmerksamkeit erregt, zum Beispiel einen Hund. In der Phase des Spracherwerbs, also so um das zweite Lebensjahr herum, wird das Kind auf den Hund zeigen, und wenn Mama oder Papa gesagt haben, das ist ein Wauwau, wird es ihn bald „Wauwau" nennen.

Wir haben also bereits etwa zwei Jahre lang bildliche Eindrücke verarbeitet, bevor wir „Mama" und „Papa", „Wauwau" oder „Auto" sagen.

Es ist eine große Leistung der frühkindlichen Entwicklung, Bilder und Symbole mit Sprache zu verbinden.

Ein Leben lang wird es so sein, dass Bilder gegenüber Worten den größeren Eindruck machen. Das Primat der Mimik und Körpersprache gegenüber dem Wort resultiert aus diesen ersten zwei Entwicklungsjahren und bleibt für den Rest des Lebens erhalten. Insofern benutzt unsere Methode ganz selbstverständlich das, was in uns angelegt ist.

In der Text-Rollen-Arbeit verknüpfen wir die stärksten Bilder der Figurenwelt mit den Sinneinheiten ihrer Texte.

Im Leben läuft das automatisch ab. Ich frage Sie, wie Ihre Wohnungstür aussieht, und Sie sehen in einer Millisekunde das Bild Ihrer Wohnungstür vor sich, bevor Ihre Worte sie beschreiben.

Das Verbildlichen unseres Sprechens ist frei und reflexhaft und tönt in uns in vielen stimmlichen Nuancen.

Und dann gibt es noch ganz merkwürdige Phänomene. Drehen Sie mal bei einem Film den Ton ab und hören Sie die Bilder mit den Augen. Oder schließen Sie die Augen und sehen Sie den Film nur über den Ton mit den Ohren.

Dabei können ganz merkwürdige Dinge passieren.

Stellen Sie sich vor, Sie sitzen in einer Lesung von Christian Brückner. Sie schließen die Augen, und plötzlich sehen Sie Robert De Niro vor sich. Christian Brückner ist nämlich seine Synchronstimme, ebenso wie die von Martin Sheen, Harvey Keitel, Peter Fonda und Dennis Hopper. Robert De Niro ist zweifellos der bekannteste unter ihnen.

Machen Sie das umgekehrte Experiment: Schließen Sie beim Ansehen eines Films mit Robert De Niro für eine gewisse Zeit die Augen und hören Sie nur zu. Vermutlich werden Sie nicht Christian Brückner vor sich sehen. Das ist natürlich Fluch und Segen dieses exzellenten Spielers und Sprechers zugleich. Ihr Gehirn hat das markante Timbre so gut wie unauslöschlich verknüpft und abgespeichert.

Was Sie erleben, ist eine „kognitive Dissonanz". Das ist der Fachterminus für die Verwirrung, in die wir dabei geraten.

Die Definition nach Wikipedia dafür:

„Ein als unangenehm empfundener Gefühlszustand. Er entsteht dadurch, dass ein Mensch unvereinbare Kognitionen hat. Kognitionen sind mentale Ereignisse, die mit einer Bewertung verbunden sind. Zwischen diesen Kognitionen können Konflikte entstehen."

Viele ältere Schauspieler*innen sprechen unbewusst und automatisiert immer in Bildern, sie schöpfen aus der Fülle innerer Bilder aus gespielten Rollen: Ihre spontanen Bilder der Erinnerungen und Erfahrungen blitzen im Moment des Ausdrucks ihrer Worte auf.

Es scheint, als erfänden sie die Sprache jedes Mal neu.

Gert Voss sagte einmal in einem Interview: „Irgendwann muss man nichts mehr machen, dann spielt das Leben aus einem heraus."[6]

Intuition und Imagination

Die wohl wichtigste Maxime bei jeder künstlerischen Textarbeit oder Probe ist, der Vorarbeit zu vertrauen.

So auch bei *Bilder sprechen:* Vertrauen Sie darauf, dass sich die von Ihnen gefundene Bilderbibliothek in Ihrem Körpergedächtnis verankert hat und intuitiv im Moment des Sprechens zur Verfügung steht.

Sie kennen sicher die Geschichte vom Frosch und dem Tausendfüßler.

Der Tausendfüßler benutzt seine vielen Beine gekonnt, er denkt nicht darüber nach, wie er sie koordinieren soll. Als ihn der Frosch aber fragt: „Wie machst du das eigentlich?", stolpert er.

Sie sollten also in der Vorführsituation beim Sprechen einfach nur sprechen und nicht noch einmal die erarbeiteten Bil-

[6] Zit. n. der DVD William Shakespeare, „König Lear", Regie Luc Bondy, Bonusmaterial „Abgeschminkt: Gert Voss im Interview". Die Theater Edition, 2008.

der „hochladen" bzw. an den nächsten Satz denken. Denn dann sind Sie nicht im Augenblick und laufen Gefahr, die Authentizität, die Ihnen diese Technik ermöglichen soll, zu verlieren.

Im Wissen, dass Sie Ihre „Hausaufgaben" gemacht haben, gilt es, Ihrer Intuition zu vertrauen, darauf, dass alles, was passiert, stimmig sein wird. Es geht nicht darum, Virtuosität vorzuführen.

Eine Symphonie der inneren Bilder entsteht und ordnet sich organisch in Ihrem Sprechrhythmus.

Ähnlich der Sportlermaxime „Im Wettkampf wird nicht trainiert" sprechen Sie einfach drauflos.

Intuition und Imagination helfen Ihnen dabei.

Intuition kommt aus dem Lateinischen und bedeutet etwas ansehen, schauen, hinblicken oder auch geistig betrachten. Sie umfasst die Wahrnehmung mit dem organischen wie auch dem geistigen, inneren Auge.

Stellen Sie sich das innere Auge wie eine große Kinoleinwand vor, auf der Sie Ihre Bilder projizieren. Das, was der Geist daraus weiterentwickelt, wird nachträglich als innere Eingebung erlebt.

Wie so oft hat Goethe es unvergleichlich ausgedrückt. Er beschrieb das Aufblitzen seiner Intuition folgendermaßen: „Über den Denkenden kommt es wie eine Erleuchtung, und die Fülle des Einzelnen ordnet sich vor der geistigen Anschauung wie von selbst, gesetzmäßig und ineinandergreifend." Seine Erkenntnis löste Freude aus: „Wenn ich nur jemanden den Blick und die Freude mitteilen könnte!"[7]

Ergänzt wird die Intuition durch die *Imagination*, abgeleitet vom lateinischen Wort *imago*, das Bild, Vorstellungskraft bedeutet. Wenn wir die inneren Bilder abrufen, kommt es zu einer verbesserten Wahrnehmung des Körpers und der eigenen Gefühle. Die Bilder, die wir im Geiste entwickeln, können aus der Erin-

[7] Zit. n. Friedrich Copei: Der fruchtbare Moment im Bildungsprozess. Leipzig 1950, S. 29 f.

nerung stammen oder aber aktiv eingebracht werden. Das fällt nicht allen Menschen leicht; aber Künstler*innen sind fantasiebegabt.

Oft ist es so, dass man über eine Sache „brütet“, also aktiv nachdenkt. Dann merkt man, es kommt nur bedingt was dabei raus.

Jeder hat eine andere Methode, eine schöpferische Pause einzulegen, sei es durch einen Spaziergang, durch Hausarbeit oder Sport. Irgendwann kommt es zum Durchbruch, weil die Gedanken bei solchen Tätigkeiten ungezielt umherschweifen, statt aktiv gedacht zu werden, sie laufen quasi als „Hintergrundfilm“ weiter. Nun sind der Fantasie Tür und Tor geöffnet. Wir intuieren, statt zu denken.

Manchmal kommt die Erkenntnis als Wachtraum.

Ein berühmtes Beispiel für Intuition bietet der Forscher August Kekulé. Als er über der Formel für Benzol brütete, sah er innerlich eine Schlange, die sich in den Schwanz beißt. Intuitiv deutet er das Bild: Er brauchte für die Benzolformel ein Sechseck. Die Vision brachte ihn zur Erkenntnis, dass die Kohlenstoffatome im Benzol nicht linear, sondern zirkulär angeordnet sind.[8]

Auch wenn wir keine Genies sind wie Goethe oder Kekulé, können wir uns trotzdem dasselbe Prinzip zunutze machen.

An diesem Punkt wird deutlich, das *Bilder sprechen* nicht nur eine intellektuelle Leistung unseres Geistes ist. Es funktioniert in der Kombination zwischen Vorarbeit und dem Vertrauen auf unsere innere Reaktion.

Die Basis von *Bilder sprechen* bleibt also die Vorarbeit, ausgehend von der gedanklichen Klarheit und literarischen Orientierung. Durch gefundene Bilder, im Vertrauen auf den intuitiven Moment, den reflexiven Sprechmoment, ist ein souveräner, persönlichkeitsgebundener und authentischer Sprechausdruck möglich.

[8] Vgl. Alexander Mitscherlich: „Kekulés Traum. Psychoanalytische Betrachtung einer chemischen Legende“, Die Zeit 38/1965.

Übung: Bilder sprechen in drei Schritten

1. Anreichern

Aus dem grundlegenden Verständnis, dass eine dramatische Figur immer aus verschiedenen Figuren besteht, suchen Sie aufgrund der Stückinformationen die Teilfiguren zu dieser Figur. D. h., man ordnet jeder Facette einer Figur eine eigene Figur zu.

Zum Beispiel können Sie als Richter den Angeklagten, Richter und Kläger in einer Person verkörpern.

Erfinden Sie intuitiv weitere passende Teilfiguren hinzu.

Notieren Sie die Liste der Teilfiguren.

Übersetzen Sie die Teilfiguren in passende, von Ihnen spontan assoziierte Bilder, Filme, Situationen oder Gemälde.

Halten Sie das stärkste Signalbild fest.

2. Verknüpfen

Improvisieren Sie auf der Basis Ihrer Bilderbibliothek, so dass die Teilfiguren spontan zu den Sinneinheiten des Textes passen.

Sprechen Sie die zu den Signalbildern assoziierten Sätze mehrfach laut.

3. Let it go!

Vertrauen Sie Ihrer Vorarbeit und Ihrer intuitiven bildsprachlichen Kommunikation.

Die von Ihnen gefundenen Bilder zum Text halten Sie gedanklich und stimmlich präsent, indem Sie in immer wieder neuen Stimmfarben mit der Energie Ihrer Spontansprache sprechen.

BILDER SPRECHEN

IN DER TEXTERARBEITUNG

„Oft lese ich ganze Seiten und weiß gar nicht, was ich gelesen habe. Ich fange dann noch einmal von vorne an und entdecke, dass es schön ist, was ich gelesen habe.“
Thomas Bernhard, „Frost“

Was Thomas Bernhard in seinem 1963 veröffentlichten Roman „Frost“ so trefflich beschreibt, kennen wir als Lesende alle. Texte können hervorragend sein und trotzdem schweift man ab, kommt ins Sinnieren, ein zufälliges Stichwort hat uns ganz unbewusst zur eigenen Geschichte geführt. Der Faden ist abgerissen und irgendwann kehren wir an die Textstelle zurück und beginnen dort, den Textfaden wieder aufzunehmen. Dann kann sich die Schönheit im Bernhard'schen Sinne entfalten.

Oder ganz anders: der Zugang zum Text fehlt. Im Kopf tut sich nichts, man denkt: „Damit kann ich nichts anfangen.“ Der so nicht geneigte Leser legt das Buch zur Seite, es ist durchgefallen.

Sprecher*innen und Schauspieler*innen müssen sich aber von Berufs wegen Texte erobern. Wenn Sprecher*innen sich einen Text erarbeiten, passiert es dennoch, dass ihnen oft der erste Zugang verwehrt ist.

Wie lässt sich ein Autor*innen-Text so einverleiben, dass er beim Sprechen authentisch, lebendig und überzeugend wirkt? Die Anwendung von *Bilder sprechen* auf folgendes Textbeispiel soll Methode und Sinn verdeutlichen.

Textbeispiel: Rainer Maria Rilkes „Briefe an einen jungen Dichter“

Der folgende Textauszug ist einer von neun Briefen, die Rainer Maria Rilke an den ratsuchenden Nachwuchsschriftsteller Franz Xaver Kappus geschrieben hat. Sie wurden 1927 als „Briefe an einen jungen Dichter“ veröffentlicht, es ist seither das meistgelesene Buch Rilkes.

„Sie fragen, ob Ihre Verse gut sind. Sie fragen mich. Sie haben vorher andere gefragt. Sie senden sie an Zeitschriften.
Sie vergleichen sie mit anderen Gedichten, und Sie beunruhigen sich, wenn gewisse Redaktionen Ihre Versuche ablehnen.
Nun (da Sie mir gestattet haben, Ihnen zu raten) bitte ich Sie, das alles aufzugeben.
Sie sehen nach außen, und das vor allem dürften Sie jetzt nicht tun. Niemand kann Ihnen helfen, niemand!
Es gibt nur ein einziges Mittel. Gehen Sie in sich: Erforschen Sie den Grund, der Sie schreiben heißt.
Prüfen Sie, ob er bis in die tiefste Stelle Ihres Herzens seine Wurzeln ausstreckt.
Gestehen Sie sich ein, ob Sie sterben müßten, wenn es Ihnen versagt würde zu schreiben.
Dieses vor allem: fragen Sie sich in der stillsten Stunde Ihrer Nacht: muß ich schreiben?
Graben Sie in sich nach einer Antwort. Und wenn diese zustimmend lauten sollte, wenn Sie mit einem starken und einfachen „Ich muß" *dieser ernsten Frage begegnen dürfen, dann bauen Sie Ihr Leben nach dieser Notwendigkeit; Ihr Leben bis hinein in seine gleichgültigste und geringste Stunde muß ein Zeichen werden und ein Zeugnis diesem Drange. Dann nähern Sie sich der Natur. Dann versuchen Sie wie ein erster Mensch, zu sagen, was Sie sehen und erleben und lieben und verlieren."*[9]

Schritt 1: Anreichern/Lesen

Im ersten Schritt beginnen Sie mit dem sinnhaften und sinnlichen Entdecken des Textes beim *Lesen*. Zu leicht, oft zu schnell überliest man Details und vergibt sich den Moment der wunderbaren Entdeckung der Gedanken hinter den Worten – die Eindrücke, die Sie beim „ersten Kontakt" mit den Zeilen haben, die Assoziationen, Gedanken, Gefühle. Das, und nicht eine textanalytische Herangehensweise, ist das Wichtige für eine sprechkünstlerische Interpretation.

[9] Rainer Maria Rilke: Briefe an einen jungen Dichter. Insel Verlag, Berlin.

Ich empfehle, den Text halblaut zu lesen. Das halblaute Lesen reguliert automatisch das Wahrnehmungstempo, denn Sie hören sich dabei aufmerksam zu und lassen die Gedanken nachklingen.

Falls sich Ihnen ein Satz nicht erschließt, unterbrechen Sie und wählen Sie als Zwischenschritt die „Übersetzung“: Erzählen Sie den Inhalt in eigenen Worten.

Achten Sie dabei darauf, nicht nur den Text mit anderen Worten zu wiederholen, sondern das zu benennen, worum es geht: den Inhalt.

Im Gegensatz zum lautlosen Lesen erleben Sie dadurch, dass Sie den Inhalt in einem anderen Rhythmus sprechen und diese Zeit zum Assoziieren nutzen. Ein essenzieller Baustein für einen „gut gesprochenen“ Text!

Bilder erzeugen

Setzen oder legen Sie sich bequem hin und entspannen Sie sich. Richten Sie Ihre Aufmerksamkeit auf den Atem und zählen Sie von zehn bis eins. Mit jeder Zahl versuchen Sie, sich mehr zu entspannen. Bei eins angekommen, hören Sie den Text nach, das heißt, Sie lassen vor Ihrem inneren Auge die Bilder zu dem gerade gelesenen Text entstehen, die Ihnen im vollkommen entspannten Zustand zufliegen. Sie erinnern sich an die Ihnen wichtigen Textstellen und lassen dazu Bilder entstehen. Sie können unsere Anleitung „Tipps für Bilder selbst erzeugen im Selbststudium“ (s. S. 104) zum Beispiel auf ein Mobiltelefon sprechen und sich durch unsere Assoziationsreise führen lassen.

Anschließend zählen Sie von zehn bis eins, aktivieren mit jeder Zahl einen kräftigeren Atemzug und führen eine Körperbewegung dazu aus, z. B. Recken, Strecken, Gähnen.

Bei eins angekommen, fühlen Sie sich nun wach. Notieren Sie im Nachklang die Bilder, Assoziationen, Emotionen oder ein persönliches Erlebnis schriftlich!

Hinweis: Die Übung „Bilder selbst erzeugen“ sollte zu keinem Zeitpunkt unangenehm sein. Im Falle eines Unwohlseins öffnen Sie die Augen, atmen Sie kräftig ein und aus und bewegen Sie sich durch den Raum – gönnen Sie sich eine Pause.

Mit diesem sinnlichen Begreifen des Textes durch aufkommende Bilder initiieren Sie einen Dialog der eigenen Gedanken mit jenen der Autor*innen. Ganz natürlich ergeben sich Fragen und Antworten, die zum Interpretieren anregen. Sie sollten diese Erfahrung bewusst aufnehmen und Ihre weiteren Gedanken dazu notieren, um das Entdeckte auf sich wirken zu lassen.

Bilder selbst erzeugen anhand von Rilkes Brief

In der Textarbeit zu Rilkes Brief dekodierte eine Schauspielstudentin beim halblauten Lesen den Text schrittweise. Sie blieb u. a. bei dem Satz „Sie haben vorher andere gefragt" hängen. Der im ersten Eindruck poetisch klingende Text bekam durch das halblaute Lesen einen Bezug zu ihrer persönlichen Geschichte. Der Studentin wurde plötzlich klar: Der Grund des kreativen Schaffens ist die Auseinandersetzung mit sich selbst. Sie assoziierte Rilkes Frage an den Dichter mit ihrer persönlichen Berufsentscheidung: Warum will ich Schauspielerin sein?

In der anschließenden Übung des Visualisierens bzw. Bilder-selbst-Erzeugens entstanden Bilder ihrer individuellen persönlichen und gesellschaftlichen Lebenswelt.

Sie assoziierte u. a. unsere Kultur des Vergleichens, die durch soziale Medien wie Instagram und Facebook noch verstärkt wird und zu unrealistischen Anforderungen an unser Selbstbild führt. Sie stellte erste Fragen an sich selbst: Warum muss ich mich vergleichen? Warum frage ich, was mein wirklicher Beweggrund ist zu schreiben, zu spielen oder zu sprechen. Geht es um Ruhm? Will ich das, was ich tue, wirklich? Oder kämpfe ich um meinen Stolz? Ist es ein tiefer Drang nach Anerkennung? Verhindert der Wunsch nach Einzigartigkeit meine Authentizität?

Fragen stellen

Lesen Sie nun den Text erneut und beginnen Sie, die Zeilen nüchtern zu befragen. Dabei benennen Sie nun die Aussage des Autors, seinen Adressaten, sein Schreibanliegen, und nebenbei gliedern Sie den Text in Sinneinheiten.

Fragen an die Autor*innen:

- *Was* erfahre ich an Eckdaten und Fakten?
- *Was* ist das Thema des Textes?
- *Welche* Entwicklung des Themas gibt es im Text, wie ist der gedankliche Aufbau, wie die Assoziationskette der Gedanken im Text?

Fragen an mich als Interpretierende*n:

- *Was* ist mein Eindruck nach dem ersten Lesen?
- *Was* gefällt mir am Text?
- *Was* ist die Botschaft, die ich rüberbringen will?

Feldforschung

Bei der „Feldforschung" erfahren wir etwas über die Zeit, in der der Text entstanden ist, die Umstände seiner Entstehung und die Intentionen des Autors/der Autorin. Oft hat ein Wort eine Bedeutungsänderung erfahren. Aus dem historischen Kontext genommen kann eine Äußerung (mehr oder weniger) missverstanden werden.

Am Beispiel der Auseinandersetzung der genannten Studentin mit Rilkes „Briefe an einen jungen Dichter" wird sehr schön deutlich, wie hilfreich diese intensive Auseinandersetzung mit einem Text ist – wir schöpfen jeden zu sprechenden (zu interpretierenden) Text bei der Feldforschung mit all seinen Informationen aus.

Was ist das Thema des Textes

Es geht um die Antwort Rilkes an einen Nachwuchsdichter, der ihn in einem Brief um Rat gebeten hat. Rilke spricht die Themen Talent und Motivation eines Dichters an.

Was erfahren Sie an Eckdaten und Fakten?

Zwischen 1903 und 1908 hat sich Franz Xaver Kappus, ein Journalist und Schriftsteller, immer wieder bezüglich seiner literarischen Arbeiten ratsuchend an Rilke gewandt. Rilke, ein bereits renommierter Autor, entschied sich, weniger die Texte zu kritisieren, als Kappus Ratschläge für den kreativen Prozess zu geben. Er ermutigte ihn, die ihn umgebende Welt wahrzunehmen, sie in sich widerhallen und in das Schreiben einfließen zu lassen.

Nach Rilkes Tod 1927 hatte Kappus die Antworten Rilkes an dessen Tochter Ruth gesandt. Dieser Brief wurde mit weiteren neun Briefen unter dem Titel „Briefe an einen jungen Dichter" veröffentlicht.

Dass diese neun Briefe publiziert wurden, unterstrich die Hoffnung der Herausgeberinnen, Rilkes Tochter Ruth und seiner Frau Clara Westhoff, auf diesem Wege die Aufmerksamkeit junger Menschen auf Rilkes moderne und liberale Haltung zu richten. Es war ihnen wichtig, eine Gegenposition zum Kommunismus und Nationalsozialismus zu propagieren, die immer stärker an Einfluss gewannen.

Die Verkaufszahlen sprechen für sich: Es wurde zu Rilkes meistgelesenem Buch. Die Aufmerksamkeit der „Briefe an einen jungen Dichter" ist ungebrochen.

„Ich lese jeden Tag Rilke", sagte Lady Gaga, die sich ein Zitat aus den Briefen auf ihren linken Unterarm tätowieren ließ.

Patty Smith sagte 2002: „Rilke ist einer der größten Dichter, die es je gegeben hat."

Oder die britische Folk-/Popsängerin Laura Marling: „Meine Tante schenkte mir dieses Buch, als ich 19 war. Es war das erste Exemplar von vielen weiteren, die ich später besitzen werden würde. Ich lese es immer noch einmal pro Jahr. Und es ist immer noch die einzige Empfehlung, die ich Menschen, die nach Sinn bei ihrer künstlerischen Arbeit suchen, geben kann. Rilke wurde mein beständiger Weggefährte."[10]

Sie müssen sich nun kein Zitat auf den Arm tätowieren lassen, aber die genannten Künstler*innen sind sicher eine weitere Inspirationsquelle zum Assoziieren des Textes.

[10] Zit. n. Rainer Maria Rilke: Briefe an einen jungen Dichter – Mit den Briefen von Franz Xaver Kappus, Hg. und mit Kommentar und Nachwort von Erich Unglaub, Wallstein Verlag, Göttingen 2021, S. 113 ff.

Was ist die Botschaft, die ich als Interpret*in rüberbringen will?

Das Wissen um die Umstände der Zeit der Veröffentlichung des Textes verstärkte bei der Studentin den Ernst ihrer Sprechabsicht.

Im Diskurs der Gesellschaft, was richtig und was falsch sei, wurde es ihr zur Notwendigkeit, den Text mitzuteilen. Sie interpretierte ihn als Aufruf, das zu tun, was aus ihrer Sicht jede*r Künstler*in mit aller Kraft und Konsequenz tun sollte: sich dem eigenen Ausdruckswillen stellen.

Welche Entwicklung des Themas gibt es im Text, welchen gedanklichen Aufbau, welche Assoziationskette der Gedanken?

Bei der vertieften Befassung mit dem Text durch die Fragen entspann sich ein Dialog über den Lebenssinn und die Notwendigkeit, sprechen, spielen oder schreiben zu müssen. Auch wenn es bedeutet, womöglich enttäuscht, kritisiert, verachtet oder auch gefeiert zu werden. Die Schauspielstudentin erkannte zudem für sich, dass es verschwendete Energie ist, auf Anerkennung zu warten und sich mit den Leistungen anderer zu vergleichen.

Die ersten Fragen zum Text sollte man zu Beginn so einfach wie möglich gestalten. Vertiefen Sie dies langsam durch wiederholtes halblautes Lesen. Das wird Ihnen Sicherheit geben, Ihnen erlauben, Ideen zu hinterfragen und neu zu gestalten, und Ihnen helfen, *Ihren* Weg in die Welt des jeweiligen Textes zu finden.

Ein Text gliedert sich durch dieses Zerlegen in Sinneinheiten. Das heißt, wir hören auf, getreu der Grammatik zu sprechen. Beim Schreiben ist es notwendig, einen Text durch Satzzeichen zu gliedern, um ihn lesbar und verständlich zu machen. Ein Gedanke, der zum gesprochenen Wort wird, kann über einen Punkt hinaus gehen oder zwei Worte vor einem Komma enden. Sonst sprechen Sie nicht dem Gedanken entsprechend und der Sinn kann im Sprechen durch Gliederungs- und Satzzeichen so oft unterbrochen sein, dass er nicht transportiert wird.

Ein Punkt kann zu einem sinnfreien Senken der Stimme führen, ein Fragezeichen birgt die Gefahr, ein künstliches Heben der Stimme zu forcieren, und ein Komma, den eigenen Sprechrhythmus zu unterbrechen.

Im täglichen Leben sprechen wir auch nicht immer grammatikalisch korrekt. Bleiben Sie nicht im Bogen des Gedankens, kann es leicht passieren, dass der Text sinnentstellt wird oder nicht seine volle Ausdruckskraft entfaltet.

Folgende Sinneinheiten ergaben sich:

1. „Sie fragen, ob Ihre Verse gut sind. Sie fragen mich. Sie haben vorher andere gefragt. Sie senden sie an Zeitschriften. Sie vergleichen sie mit anderen Gedichten, und Sie beunruhigen sich, wenn gewisse Redaktionen Ihre Versuche ablehnen."
2. „Nun (da Sie mir gestattet haben, Ihnen zu raten) bitte ich Sie, das alles aufzugeben. Sie sehen nach außen, und das vor allem dürften Sie jetzt nicht tun. Niemand kann Ihnen helfen, niemand!"
3. „Es gibt nur ein einziges Mittel. Gehen Sie in sich: Erforschen Sie den Grund, der Sie schreiben heißt."
4. „Prüfen Sie, ob er bis in die tiefste Stelle Ihres Herzens seine Wurzeln ausstreckt."
5. „Gestehen Sie sich ein, ob Sie sterben müßten, wenn es Ihnen versagt würde zu schreiben."
6. „Dieses vor allem: fragen Sie sich in der stillsten Stunde Ihrer Nacht: muß ich schreiben?"
7. „Graben Sie in sich nach einer Antwort. Und wenn diese zustimmend lauten sollte, wenn Sie mit einem starken und einfachen ‚*Ich muss*' dieser ernsten Frage begegnen dürfen, ..."
8. „... dann bauen Sie Ihr Leben nach dieser Notwendigkeit; Ihr Leben bis hinein in seine gleichgültigste und geringste Stunde muß ein Zeichen werden und ein Zeugnis diesem Drange."
9. „Dann nähern Sie sich der Natur. Dann versuchen Sie wie ein erster Mensch, zu sagen, was Sie sehen und erleben und lieben und verlieren."

Teilfiguren und Signalbilder finden

Nun arbeiten Sie heraus, welche Facetten und Charaktere sich im Text verbergen. Diesen ordnen Sie frei assoziierend Ihnen bekannte Filmszenen oder Personen zu. Die sich daraus ergebenden stärksten Bilder, die diese Personen repräsentieren, fixieren Sie als Signalbilder.

Zu den Sinneinheiten 1–9 suchte die Schauspielstudentin ihre Teilfiguren und Facetten und fand in „geliehenen Bildern" ihr Signalbild.

Sie arbeitete folgende Facetten der Figuren heraus:
- den verzweifelt nach Antworten suchenden *Schriftsteller* Franz Xaver Kappus;
- den antwortenden *Dichter* als Lehrer.

Sie erfand den *Ehrgeizigen*, den *Kämpferischen* und die *Verzweifelte* hinzu.

Im nächsten Schritt verknüpfte sie diese Facetten mit Rollen von ihr bekannten Schauspieler*innen und Filmszenen.

Der Lehrer: Sie assoziierte den Meister Yoda aus „Star Wars". Das Signalbild für diese Teilfigur wurde eine Szene, in der Yoda Luke Skywalker aufzuhalten versucht statt fortzugehen.

Der Kämpfer: Der Coach Tony D'Amato im Film „Any Given Sunday", gespielt von Al Pacino, wurde zu dieser Teilfigur assoziiert. Das stärkste Bild: Pacinos Coaching-Rede in der Kabine der Footballer.

Der Schriftsteller wurde Luke Skywalker aus „Star Wars". Luke, der sich nicht von Yoda in seiner Mission aufhalten lassen kann.

Die Ehrgeizige: die Eiskunstläuferin Tonya Harding. Eine Szene aus dem Film „I, Tonya", in der sie vor einem Wettkampf mit einer Knüppelattacke ihre Rivalin Nancy Kerrigan ausschalten ließ.

Die Verzweifelte: Eine Szene aus „Dying Young“ zwischen der von Julia Roberts verkörperten Hilary O'Neill und dem krebskranken Victor Gaddes, dem sie verspricht, bis zu seinem Tod bei ihm zu bleiben.

Schritt 2: Verknüpfen

Die Herausforderung der Sprecherarbeit bedeutet nun: Improvisation der Sätze aus dem Text zu den individuell gefundenen Signalbildern.

Das heißt, jede Sinneinheit wird mit den fünf Bildern abwechselnd und spontan gesprochen.

Wichtig: Dabei geht es nicht darum, eine Teilfigur zu imitieren oder stimmlich zu illustrieren. Nehmen Sie das Signalbild als visuellen Anlass. Sie inhalieren es dabei kurz und sprechen dann drauflos.

Hier ist es wichtig, ruhig in die Übertreibung zu gehen, d. h., etwas lauter als Zimmerlautstärke zu sprechen und in die Bilder imaginativ viel Farbe hineinzugeben.

Die sprachliche Interpretation des Textes von Rilke nach der Methode *Bilder sprechen* bedeutet, das innere Signalbild der spezifisch geliehenen Teilfigur auf Rilkes Text zu übertragen. Das richtige Signalbild zur Sinneinheit löst eine stimmliche Resonanz aus. Das Bild muss nicht sinnvoll als Illustration zum Inhalt gewählt sein. Der stimmige Ton, der das Signalbild passend verknüpft, ist entscheidend, Sie hören ihn unter den unstimmigen heraus.

Das führte im Beispiel zu folgenden Zuordnungen:

1. Der Kämpfer
„Sie fragen, ob Ihre Verse gut sind. Sie fragen mich. Sie haben vorher andere gefragt. Sie senden sie an Zeitschriften. Sie vergleichen sie mit anderen Gedichten.“

2. Die Ehrgeizige
„Nun, da Sie mir gestattet haben, Ihnen zu raten, bitte ich Sie, das alles aufzugeben. Sie sehen nach außen, und das vor allem dürften Sie jetzt nicht tun. Niemand kann Ihnen helfen, niemand!"

3. Die Verzweifelte
„Es gibt nur ein einziges Mittel. Gehen Sie in sich: Erforschen Sie den Grund, der Sie schreiben heißt."

4. Der Lehrer
„Prüfen Sie, ob er bis in die tiefste Stelle Ihres Herzens seine Wurzeln ausstreckt."

5. Der Kämpfer
„Gestehen Sie sich ein, ob Sie sterben müßten, wenn es Ihnen versagt würde zu schreiben."

6. Die Ehrgeizige
„Dieses vor allem: fragen Sie sich in der stillsten Stunde Ihrer Nacht: muß ich schreiben?"

7. Die Verzweifelte
„Graben Sie in sich nach einer Antwort. Und wenn diese zustimmend lauten sollte, wenn Sie mit einem starken und einfachen ‚*Ich muß*' dieser ernsten Frage begegnen dürfen, ..."

8. Der Kämpfer
„... dann bauen Sie Ihr Leben nach dieser Notwendigkeit; Ihr Leben bis hinein in seine gleichgültigste und geringste Stunde muß ein Zeichen werden und ein Zeugnis diesem Drange."

9. Der Lehrer
„Dann nähern Sie sich der Natur. Dann versuchen Sie wie ein erster Mensch, zu sagen, was Sie sehen und erleben und lieben und verlieren."

Achtung: Dieser Schritt dient dem Zweck, die nötigen Nervenbahnen in Ihrem Gehirn aufzubauen, die es Ihnen später erlauben, den Text automatisch lebendig zu sprechen. Es handelt sich um eine neuronale Verknüpfung, die ab jetzt aus dem Unterbewusstsein ständig abgerufen und jederzeit reproduziert werden kann.

Schritt 3: Let it go!

Verfallen Sie nicht in den Fehler, den „genialen" starken Sprechmoment Ihrer ersten Improvisation reproduzieren zu wollen.

Verlieben Sie sich nicht in einen gefundenen Klang, sondern vertrauen Sie Ihren Signalbildern.

Erfahrungsgemäß sind die Bilder im Sprechen sofort da: Ein Donald Trump etwa als Teilfigur und eine Rede von ihm als Signalbild funktionieren ähnlich stark wie ein Stoppschild im Straßenverkehr.

Und jetzt heißt es: üben, üben, üben!

Sprechen und spielen Sie einfach drauflos, es wird so, wie es werden soll, oder besser. Dabei werden Sie feststellen, dass die stimmigen Bilder abrufbar sind oder neue Bilder sich intuitiv ergeben.

Vertrauen Sie auf die Vorarbeit und beachten Sie die aufbauenden Arbeitsschritte. Sollten sich im Verlauf dieser Arbeit erneut inhaltliche Fragen ergeben, hat es sich als hilfreich erwiesen, die Schritte erneut zu durchlaufen.

Die charakteristischen und situationsgebundenen Bilder, die die Studentin von Rilkes Text verinnerlicht hatte, verknüpften sich unbewusst mit den Sinneinheiten. Das half ihr bei der Lebendigkeit des Sprechens und in der Wiederholung der verlässlichen Reproduktion.

Hier noch einmal kurz zusammengefasst:

Schritt 1: Anreichern

- Lesen Sie den Text langsam und halblaut.
- Bilder selbst erzeugen: Notieren Sie Ihre Gedanken und Assoziationen zum Text.
- Textbefragung: Erforschen Sie das Umfeld und die geschichtlichen Hintergründe.
- Zerlegen Sie den Text in sinnvolle Einheiten.
- Bestimmen und erfinden Sie die Teilfiguren des Textes.
- Assoziieren Sie die Figuren/Teilfiguren zu passenden, Ihnen bekannten Filmfiguren und Szenen.
- Fixieren Sie das Signalbild.

Schritt 2: Verknüpfen

Verknüpfen Sie über die Textimprovisation das Signalbild mit allen gefundenen Bildern zu den Sinneinheiten des Textes. Zum leichteren Einprägen können Sie die Teilfiguren farblich markieren.

Schritt 3: Let it go!

Sprechen und spielen Sie drauflos, es wird so, wie es werden soll, oder besser. Testen Sie, ob die Reproduzierbarkeit gelingt! Achten Sie darauf, ein Signalbild nur als Sprech*anlass* zu nutzen – was zählt, ist Ihr persönlicher Sprechimpuls zum Bild und keine Imitation einer Teilfigur in Stimme oder Sprache!

Zu Beginn nimmt die Methode einige Zeit in Anspruch. Ist man mit ihr einmal vertraut, kann man sie innerhalb kürzester Zeit umsetzen.

BILDER SPRECHEN
IN DER FILM- UND FERNSEHARBEIT

„Jeder Satz ist ein Juwel."

Alfred Hitchcock

Die intensive Arbeit an der Sprache ist immer notwendig, egal ob die Kamera dabei ist oder nicht. Eine Großaufnahme entlarvt fehlende innere Bilder. Regisseure sprechen dann gern von den Unterschieden der *active eyes*, den wachen Augen, die innere Bilder erkennen lassen, gegenüber dem *dead face*, einem regungslosen Gesicht ohne inneres Leben. Auch die Sprache klingt leer und hohl.

Die Umsetzung des geschriebenen ins gesprochene Wort folgt demselben Handwerk, egal ob Shakespeare oder Serie.

Alfred Hitchcock soll von seinem Drehbuchautor verlangt haben, dass jeder Satz ein Juwel sein müsse.

So hat er das gesamte Drehbuch mit seinen Autor*innen immer und immer wieder laut durchgesprochen, bis die Texte in Rhythmus und Inhalt stimmig waren.

Was für Drehbuchautor*innen gilt, gilt auch für Schauspieler*innen. Beim Film lernen manche ihren Text nur leicht an und improvisieren dann in der Spielsituation, um ihrer Sprache Natürlichkeit zu verleihen.

Schwierig wird es, wenn es sich um Textzeilen handelt, die essenziell für den Inhalt der Geschichte sind. Die meisten Serien, häufig Soaps, erzählen ihre Geschichten als Abfolge von Ereignissen und nicht aus der Sicht der Charaktere.

Das heißt, eine Figur spielt plötzlich in einer Geschichte mit, mit der sie bisher nichts zu tun hatte. So könnte eine Nachbarin von den Beziehungsproblemen der Protagonistin erzählen, ohne mit dieser in der Geschichte wirklich Kontakt gehabt zu haben.

Auch sogenannte Informationsszenen mancher Krimiformate fordern die Schauspieler*innen heraus, ganze Handlungen zu rekapitulieren und durchleben zu müssen, obwohl ihr Rollenprofil nur peripher mit dem Zustandekommen der Hauptgeschichte etwas zu tun hatte.

Als Coach eines erfolgreichen Serienformats hatte ich (Florian Reiners) häufig erlebt, dass jene Schauspieler*innen, die sprachlich einfach präziser waren, viele Szenen mitspielen mussten. So konnte es passieren, dass eine Schauspielerin die Liebeserklärung ihres Gegenübers für ihn in Worte fasste und sprach.

Die Schauspielerin Nicole Heesters sagte zur Filmarbeit, da müsse sie doppelt gut vorbereitet sein, um spielen zu können. Ähnlich klang Martina Gedeck in einem Interview: „Ich muss jeden Satz 100-mal gesprochen haben, um ihn im Moment des Spiels unbeabsichtigt sprechen zu können."

Die reine Wiederholung der Texte führt schnell zu Monotonie und Leere, wenn sie nicht mit inneren Bildern verknüpft sind.

Dazu muss man wissen, dass die Körperspannung für die Stimme vor der Kamera und für das Theater grundsätzlich verschieden ist.

Eine zu starke Artikulation und die leicht erhöhte Körpergrundspannung, wie sie für die Bühne benötigt wird, wirken vor der Kamera überspannt und unnatürlich.

Deshalb wird bei Film und Fernsehen häufig ein leicht „weggesprochener", halb geflüsterter Sprechton verwendet, der leider oft schwer verständlich ist.

Gerade bei Film und Fernsehen gibt es oft verkürzte Probezeiten, daher müssen Schauspieler*innen den Probenprozess für sich als Hausaufgabe durchlaufen. Die Textarbeit ist ein zentraler Bestandteil der Rollenarbeit.

Viele Spielszenen im Film bestehen daraus, dass zwei Menschen im Dialog sprechen.

Bei diesen Szenen bietet sich kaum eine Möglichkeit, körperlich zu agieren; das Spiel reduziert sich nicht nur in der Großaufnahme auf Stimme und Sprache.

Die Kamera ist überkritisch, vergrößert jeden Fehler, zeigt, ob ein Gedanke nur reproduziert wird oder de facto stattfindet. Noch unerbittlicher ist das Mikrofon, das jeden Atemfehler und damit einen unorganischen Sprechrhythmus akustisch vergrößert.

Kamera und Mikrofon lösen keine Probleme; sie verstärken sie.

Sobald das berühmte „Und bitte!“ fällt, richtet das gesamte Produktionsteam seine Aufmerksamkeit auf die Szene und die Schauspieler*innen. Hier beginnt für sie der Beobachtungsstress und höchste Konzentration auf die Szene. Dabei kommt es vor, dass der Text bewusst produziert oder bewusst weggesprochen wird.

In beiden Fällen kann Künstlichkeit entstehen. Sind die Schauspieler*innen nicht mit dem Text „verknüpft“, sind sie nicht wirklich in der Lage, die Emotionen zuzulassen und authentisch zu spielen. Die Zuschauer*innen werden das Spiel als unstimmig empfinden.

Das „Wegsprechen“ oder Nuscheln kann in der Folge dazu führen, dass die gesamte Szene nachsynchronisiert werden muss. Leider passiert das immer öfter, ja ist fast schon zur Norm geworden. Es ist aber geradezu unmöglich, authentisch Texte nachzusynchronisieren! Wenn Sie nach Wochen, manchmal sogar Monaten, in einem Tonstudio sitzen, ohne den Spielpartner, ohne die Atmosphäre während des Drehs, und Sie die damals gesprochenen Texte lippensynchron reproduzieren müssen, sind Sie dann noch in der Rolle? Fühlen und denken Sie die Gedanken und Gefühle der Figur, die Sie gespielt haben?

Eine Nachsynchronisation lässt sich nicht immer vermeiden. Aber die Gründe dafür sollten nicht bei Ihnen liegen, sondern äußerlich bedingt sein: zum Beispiel ein Flugzeug, das über den Drehort donnert, zu lautes Rauschen des Wasserhahns usw.

In solchen Fällen müssen Sie im Tonstudio auch in der Lage sein, Ihre Texte sprechen zu können.

Die gute Drehvorbereitung durch *Bilder sprechen* hilft Ihnen dabei.

Fiktives Filmbeispiel: „Ein ungewöhnliches Date“

Vorgeschichte zur Szene: Seit einigen Wochen nähern sich Dr. Lilli Martini und Claudio Safari vorsichtig einander an.

In den letzten Wochen wurde immer deutlicher, dass Lilli an Claudio interessiert ist. Weil seine Frau erst kürzlich verstorben war, hatte er sich sein Interesse an Lilli nicht eingestanden. Von seiner Tochter ermutigt, hat Claudio nun beschlossen, wieder in die Zukunft zu blicken und eine neue Liebe zuzulassen. Schon beim ersten Date kam es zu einem Kuss, den Claudio, leicht überfordert, beendete. Durch die plötzliche Nähe zu einer „neuen" Frau überkam ihn ein schlechtes Gewissen. Dieser Abgang war der romantischen Situation unangemessen.

Nach einigen Tagen wurde Claudio klar, dass er Lilli wiedersehen möchte. Ihr lebensbejahendes Wesen und ihre Nähe fehlten ihm. Er erkannte, dass sie ihm viel mehr bedeutet, als er sich eingestehen wollte.

So kauft er einen Strauß Blumen und fährt spontan zu ihr. Unangemeldet steht er vor ihrer Wohnungstür. Als diese sich öffnet, steht ein älterer, sympathischer Mann vor ihm, der sich als Lillis Ehemann entpuppt.

Claudio schafft es, eine unverfängliche Geschichte zu erfinden, um sein Erscheinen zu begründen. In diesem Moment tritt Lilli hinzu und will mit Claudio reden. Doch Claudio rauscht abrupt mit dem Blumenstrauß ab.

Nach dieser Begegnung spielt sich folgende Szene ab:

Draußen – Lillis Wohnung / Straße vor dem Haus – Tag

Claudio steht vor seinem Wagen und wirft den Blumenstrauß auf den Rücksitz. In diesem Moment eilt Lilli zu ihm.

Lilli: Claudio! Warte! (1)

Claudio dreht sich zu ihr, die beiden stehen voreinander.

Claudio: *(Versucht ruhig zu bleiben.)* Warten worauf? Warum hast du mir verschwiegen, dass du verheiratet bist?

Lilli: Claudio, bitte, das musst du verstehen ...

Claudio: Verstehen?! Ich bin der Volltrottel, der mit einem Strauß Blumen vor deinem Ehemann steht und sich um Kopf und Kragen redet, damit er nicht erfährt, dass seine Frau sich an einen Kollegen ranmacht! *(Aufgewühlt:)* Was soll das, Lilli?! Ich dachte, das mit uns ist etwas Ernstes?!

Sie schauen sich einen Moment lang an, der sich wie eine Ewigkeit anfühlt.

Lilli: Claudio, er weiß über uns Bescheid. (2)

Claudio: *(Lacht auf.)* Entschuldige, aber es machte mir eben nicht den Eindruck, als wenn er von mir gewusst hätte.

Lilli: Es geht nicht darum, ob er dich kennt. (3)

Claudio schaut sie abwartend an.

Lilli: Klaus und ich wir ... wir leben das, was man wohl eine offene Beziehung nennt. (4) Ich habe meinen Freiraum und er seinen. (5)

Claudio: Und was bin dann ich? Ein nettes, kleines Abenteuer, das deine Ehe aufpeppt? Dafür such dir bitte einen anderen.

Er will die Tür öffnen. Lilli hält ihn am Arm fest.

Lilli: Bitte, Claudio ... Ich habe dir nur nichts gesagt, weil ich die Dinge für uns nicht kompliziert machen wollte. *(Sie lächelt vorsichtig.)* (6) Denkst du, ich spüre nicht, wie sehr dich der Tod deiner Frau belastet? Wie dich das schlechte Gewissen plagte, als wir uns gesehen haben? Wenn ich dich angerufen habe? Nach unserem ersten Kuss? *(Leise:)* (7) Hättest du gewusst, dass ich verheiratet bin ... Es wäre der Grund gewesen, den du gebraucht hättest, um mich zu verlassen. Du hättest dir eingeredet, dass es mit uns nicht sein soll. (8)

Claudio: Und was ist das mit uns? Sag es mir doch. Eine Affäre für ein paar Wochen? Ein paar Monate oder Nächte?

Lilli *(plötzlich energisch:)* Das weiß ich auch nicht, hörst du?! Ich weiß es nicht! Und es ist mir auch ehrlich gesagt egal. (9)

Claudio *(lacht auf:)* Ach, egal.

Lilli: Ja, egal! Ich habe verdammt nochmal kapiert, dass ich Zeit mit dir verbringen will! Ich will mit dir zusammen sein. (10) Und das hat nichts mit meinem Ehemann zu tun! Es hat einzig und allein mit dir zu tun. *(Lächelt:)* Nur mit dir und uns ... (11)

Die beiden schauen sich an. Claudio beginnt zu begreifen.

Claudio *(ruhig:)* So, und jetzt? Was schlägst du vor?

Lilli: Lass uns das, was wir haben, genießen, Claudio. Ganz egal, wo es uns hinführt ... Lass uns im Hier und Jetzt leben. (12)

Claudio mustert Lilli einen Moment lang.

Claudio: Ich weiß wirklich nicht, ob ich zur Rolle als Gspusi geeignet bin.

Lilli: Du bist der Mann, den ich will. Und kein Gspusi. (13)

Claudio: Und dann kommt der Nächste?

Lilli: Nein. Lass uns doch erstmal entdecken, ob wir es überhaupt miteinander aushalten werden, und dann sehen wir weiter. (14)

Sie gibt ihm einen Kuss auf die Lippen, der durchaus eine gewisse Erotik beinhaltet.

Lilli: Melde dich, ja? (15)

Claudio nimmt die Blumen vom Rücksitz und gibt sie Lilli. Trotzdem steht etwas zwischen ihnen.

Lilli: Melde dich, ja? (16)

Claudio *(bemüht:)* Ich überleg's mir.

Dann steigt er ein und fährt los. Die Kamera bleibt auf Lilli gerichtet, die ihm hinterherschaut. Wir sehen, dass ihre Augen feucht schimmern ...

Die Schauspielerin bereitete diesen Text für ein Casting mit *Bilder sprechen* vor. Es gab keine weiteren Vorgaben zum Film oder zur Rolle, außer den Informationen: Ärztin, 30 Jahre, verheiratet und in Claudio verliebt.

Bilder selbst erzeugen

„Bilder selbst erzeugen" ließ Szenen aus Liebesfilmen mit Julia Roberts aufsteigen. „Notting Hill", „Die Hochzeit meines besten Freundes" und „Pretty Woman".

Thema des Stücks
Die Schauspielerin formulierte für sich: Eine aufrichtige Beziehung trotz ungewöhnlicher Umstände. Die eigene Lebensrealität erkennen.

Was ist mir als Interpret*in des Textes wichtig?
Die Szene barg die Gefahr, ein Abziehbild der leidenden Verliebten zu werden. Eine selbstbewusste Figur zu kreieren trotz unkonventioneller Beziehungsvorstellungen.

Teilfiguren und Signalbilder

Die Schauspielerin erfand weitere Facetten ihrer Figur hinzu. Es ergaben sich: Therapeutin, beste Freundin und ein Freigeist, neben den Grundcharakteren Ärztin, Ehefrau, Verliebte.

Die stärksten inneren Bilder wurden abrufbar, die für sie die Facetten mühelos auslösten:

Die Ehefrau: Kate Middleton, Frau von Prinz William, formte für sie das Bild einer starken, modernen Ehefrau – ein Moment aus ihrem ersten TV-Interview mit William wurde das passende Bild.

Die Therapeutin: Die Facette der Therapeutin wurde Meryl Streeps Charakter Lisa Metzger aus dem Film „Coachgeflüster – Die erste therapeutische Liebeskomödie“ – besonders die Szene, wo Lisa Metzger herausfand, die Geliebte ihres Sohnes zu therapieren.

Die beste Freundin: Zur besten Freundin assoziierte sie das Bild von Anke Engelke in dem Sketch „Frau aus dem Katalog“ aus der Serie „Ladykracher“.

Der Freigeist: Nina Hagens Ausraster im TV-Interview „Talk im Turm“ von 1992. Die Sängerin trat höchst aufgeregt für ein vom Staat zu finanzierendes Methadon-Programm ein. Eine zum Thema eingeladene, aufgebrachte Mutter konfrontierte Hagen mit dem Satz: „Meine liebe Mutter, ich schreie, wenn's mir passt.“ Die Wandelbarkeit Hagens von der ironisierenden, opernhaften Sängerin hin zur bedrohlichen Kämpferin und Punk rundete dieses Bild ab.

Die Ärztin: Für die Ärztin stand Dr. Meredith Grey aus der Arztserie „Greys Anatomy“ in einer Szene, in der sie um die Behandlung eines scheinbar hoffnungslosen Kranken kämpfte. Eine positive, kämpferische Ärztin, die für Ideale steht und diese vertritt.

Die Verliebte: Die klassische Verliebte ergab sich aus einem Bild von Daphne Bridgerton, die in den Duke von Hastings verliebt ist. Sie gesteht sich ihre Zuneigung nicht ein. Vor der Gesellschaft spielt sie sie, um anderen potenziellen Kandidaten zu entgehen. Netflix-Serie „Bridgerton", 2021.

Verknüpfen

Es ergab sich folgende Zuordnung der Signalbilder in der Szene:

Ärztin: 5, 7, 9, 11, 13, 16
Ehefrau: 2, 12
Verliebte: 1, 8
Therapeutin: 4, 10
Beste Freundin: 3
Freigeist: 6, 14

Zum leichteren Einprägen können Sie die Teilfiguren farblich markieren.

Die Methode gab dem schwachen Drehbuchtext mehr Fleisch, und ihr Spiel konnte überzeugen.

Die Schauspielerin war in der Lage, aufgrund ihrer präzisen Textarbeit mehr zu bieten als nur „das Erfüllen" ihrer Rolle und eine gut gespielte Szene. Das von der Kamera internalisierte Spiel ließ die Nuancen der inneren Bilder aus ihr sprechen und machte sie akustisch deutlich.

Es entspann sich ein müheloser Dialog der Signalbilder der Verliebten mit der Ehefrau, der besten Freundin und der Therapeutin, es diskutierte die Ärztin mit dem Freigeist usw.

Bilder sprechen gab dieser Rolle viele Stimmfarben, wodurch die Rolle schillernd und spannend wurde.

BILDER SPRECHEN
IN DER THEATERARBEIT

„Wollen wir es so spielen, wie es da steht? Oder anders?“
George Tabori

Jede Theaterprobe beginnt mit einem uralten Theaterritual: der Leseprobe. Alle am Stück beteiligten Personen lesen zu Beginn gemeinsam den gesamten Text mit verteilten Rollen.

Leseproben sind immer spannend. Die sich ergebende Diskussion über Text, Inhalt, Aussage etc. ist im besten Fall die Initialzündung und der Beginn der Inszenierung: Die fortlaufende gemeinsame Erarbeitung und Erforschung des Theatertextes im Ensemble ist zentraler Bestandteil jeder Stückentstehung. Im Umgang mit dem vorgegebenen Text kann dabei eine zu intellektuelle Textanalyse oft hemmend sein und den assoziativen Umgang mit den Worten bremsen.

Der amerikanische Regisseur und Dramatiker David Mamet brachte es auf den Punkt: „Alles Wissen der Welt über das Elisabethanische Zeitalter wird ihnen nicht helfen, ‚Maria Stuart‘ zu spielen.“[11]

Nicht das intellektuelle Wissen – es sind Ihre stärksten Bilder, die zu authentischem Spiel auf der Bühne führen, je stärker Sie sich mit dem Text auseinandersetzen, desto besser. Bei den Proben zu Samuel Becketts „Endspiel“ am Wiener Burgtheater sagte der ungarisch-britische Regisseur George Tabori (1914–2007) zu seinen Schauspielern Gert Voss und Ignaz Kirchner: „Wollen wir es so spielen, wie es da steht? Oder anders?“[12] Das trifft den Kern jedes neuen Stücks und jeder Rolleninterpretation und lädt zur Forschungsreise ein.

Schauspieler*innen kennen nicht nur die Worte ihrer Rolle, sie erschaffen den Inhalt und lassen ihn hörbar werden.

Die Methode *Bilder sprechen* fächert viele Sprechmöglichkeiten der zu spielenden Rolle auf. Sie bietet eine Struktur und verhilft, Ihre Fantasie weiter zu entfachen.

[11] David Mamet: Richtig und Falsch. Ein Ketzerbrevier für Schauspieler. Alexander Verlag, Berlin 2003, S. 98.

[12] George Tabori, Interview und Probenprotokolle aus Programmheft Nr. 192 „EndSpiel“, Hg. v. Burgtheater, Wien 1998.

Textbeispiel aus Molières „Tartuffe"

Rollen: Mariane, Valère, Dorine

Inhalt: Tartuffe, ein scheinheiliger Betrüger, macht sich den wohlhabenden Bürger Orgon hörig und tyrannisiert dessen Familie.

Orgon befolgt alle seine Ratschläge und überschreibt ihm sogar seinen Besitz. Obwohl Mariane mit dem jungen Valère verlobt ist, will ihr Vater sie mit Tartuffe verheiraten.

Dialog:[13]
2. Szene: Valère, Mariane, Dorine
„Es klopft. Valère kommt vorsichtig herein. – Mariane will nicht sprechen und hat sich versteckt.

Valère *(ironisch, mit französischem Akzent:)* Mademoiselle, man hört von Gerüchten, die großes Glück verheißen. Man sagt, Sie würden Herrn Tartuffe heiraten. (1)

Mariane: Ja, das hat sich mein Vater so in den Kopf gesetzt. (2)

Valère: Ihr Vater, Fräulein. (3)

Mariane: Hat seine Meinung geändert. Soeben hat er es mir mitgeteilt. (4)

Valère *(normal:)* Wie, im Ernst. (5)

Mariane: Ja, im Ernst. (6)

Valère: Und was willst Du jetzt unternehmen? (7)

Mariane: Ich weiß nicht. (8)

[13] Molière: Tartuffe. Übers. Peter Gilbert. Abdruck mit freundlicher Genehmigung des Pero Verlags Wien.

Valère: Du weißt es nicht? (9)

Mariane: Nein. (10)

Valère: Nein? (11)

Mariane: Wozu rätst du mir? (12)

Valère: Ich? Ich rate dir, dieses Angebot samt Bräutigam anzunehmen. (13)

Mariane: Das rätst du mir? (14)

Valère: Ja das. (15)

Mariane: Ist das dein Ernst? (16)

Valère: Mein voller Ernst. (17) So eine Partie darf man sich nicht entgehen lassen. (18)

Mariane: Gut. Ich werde Ihren Rat befolgen. (19)

Valère: Wie ich sehe, wird es dir nicht schwerfallen. (20)

Mariane: Nicht schwerer als dir, mir diesen Rat zu geben. (21)

Valère: Ich habe dir diesen Rat nur gegeben, um dir einen Gefallen zu tun. (22)

Mariane: Und ich will ihm folgen, um dir ein Vergnügen zu machen. (23)

(Alle drei): So!!?

Valère: So also hast du geliebt ... alles nur ein falsches Spiel. (24)

Mariane: Sprechen wir nicht mehr davon, ich bitte dich ... du hast mir geraten, den zu nehmen, dessen Hand man mir anbietet. (25) Und ich werde tun, was du mir rätst. (26)

Valère: Gebrauche bitte meinen Rat nicht als Entschuldigung. (27) Dein Entschluss stand schon vorher fest und nun dient er dir nur als Vorwand, um dein Wort nicht halten zu müssen. (28)

Mariane: Du hast ganz Recht. Genau so ist es. (29)

Valère: Du hast mich nie wirklich geliebt. (30)

Mariane: Es steht dir frei zu denken, was du willst. (31)

Valère: Ja, ja, es steht mir frei ... (33) Ich werde auch nicht zögern, mich an jemanden zu wenden, der mir helfen wird, diese Beleidigung zu vergessen ... (34)

Mariane: Daran zweifle ich nicht ... (35)

Valère: Ich weiß schon, wo ich Verständnis finden werde. Wo ein liebend' Herz meinen Kummer trösten wird. (36)

Mariane: Mach nur rasch, damit das liebend Herz den Kummer voll genießen kann. (37)

Valère: Keine Sorge. Nur noch dies *(er rezitiert aus einem kleinen Buch:)*

„Man muss nur, so viel man kann, sie zu vergessen streben. Und wenn's auch nicht gelingt, sich doch den Anschein geben. Denn Feigheit ist es, dass man da noch Liebe zeigt, wo die Geliebte sich einem andern neigt". (38)

Dorine: Bravo!

Mariane: Wie schön! So erhabene Gedanken! (39)

Valère: Allerdings. Und jedermann wird sie gutheißen. (40) Glaube ja nicht, ich werde ruhig zusehen, wie du dich einem anderen in die Arme wirfst. (41) Ich werde es genauso tun. Hier werde ich verschmäht und anderswo geachtet. (42)

Mariane: Natürlich. Ich wollt, es wäre schon geschehen. (43)

Valère: Das wäre dir also recht? (44)

Mariane: Ja. (45)

Valeré: Nein. Das ist zu viel. Dein Wunsch ist mir Befehl. (46)

Mariane: Ausgezeichnet. (47)

Valère: Und vergiss nicht, dass du es warst, die mich zu diesem Schritt gezwungen hat. (48)

Mariane: Ich werde es nicht vergessen. (49)

Valère: Ich gehe. Und vergiss nicht, du siehst mich zum letzten Mal. (50)
Ich bin schon weg. (51)

Mariane: Viel Glück. (52)

Valère: *(Geht, dreht sich um.)* Wie? (53)

Mariane: Was? (54)

Valère: Hast du mich nicht gerufen? (55)

Mariane: Du träumst wohl. (56)

Valère: Gut, dann gehe ich. Adieu, Mademoiselle! (57)

Mariane: Adieu, Monsieur! (58)

Schritt 1: Anreichern

Zu Beginn der Vorbereitung interessiert uns nicht die theatergeschichtliche Analyse, vielmehr geht es uns um Textassoziationen, die uns lebendig und lustvoll sprechen lassen.

Anfangs lasen die beiden Schauspieler*innen den Text mehrfach – jede*r für sich – halblaut und hörten sich aufmerksam zu. Dabei konnten sie das Stück und die Figuren auf sich wirken lassen und ihre ersten Eindrücke notieren. Im Anschluss sprachen sie den Dialog in normaler Lautstärke gemeinsam, fanden eine „Übersetzung" und erzählten sich den Dialog mit eigenen Worten. Hörten einander einfach zu.

Danach tauschten sie die Rollen und sprachen den Dialog erneut durch, sie notierten sich ihre Assoziationen, so zum Beispiel in der ersten Begegnung mit dem Text folgende Assoziationskette: *Liebe – verrückt sein – Verzweiflung – Wut – Tod.*

Bilder selbst erzeugen

Nach der Anleitung „Bilder selbst erzeugen" (vgl. das Beispiel von Rilkes Briefen) vertieften sich die beiden Schauspieler*innen und ließen passende Bilder aufsteigen.

Hierzu haben sie sich gegenseitig angeleitet. Das hat nebenbei den Vorteil, die eigenen Eindrücke der zu sprechenden Figur zu vertiefen.

Beide Sprecher*innen durchliefen Szenen der noch jungen Beziehung zwischen Mariane und Valère, wie das Kennenlernen, den ersten Kuss und den bevorstehenden Streit.

Im nachträglichen Erinnern notierten sie die Bilder, Assoziationen und Emotionen ihrer Rollen.

Das Haus, in dem der Dialog spielt, ihre große Liebe und das Thema der Zwangsheirat.

Vollkommen unangestrengt entstanden Bilder: Das Haus Orgons, in dem das Stück spielt, wurde für beide ein bekanntes Haus auf dem Land von Freunden. Oder Bilder aus dem Film „The Fabulous Baker Boys" mit Michelle Pfeiffer (Susie) und Jeff Bridges (Jack), der zeigt, wie sehr die Angst vor Verletzung und festgefahrenes Verhalten eine Kommunikation durch die

Schutzpanzer hindurch erschwert. Das Thema der Zwangsheirat polarisierte, da es sofort religiös konnotiert war.

Mit Zwangsheirat verbinden wir heutzutage oft das Klischee von familiären und religiös bestimmten Abhängigkeiten. Wir sollten uns klarmachen, dass die zeitgenössische Einstellung, man heirate aus Liebe und nur aus Liebe, ein sehr junges Phänomen ist, gerade mal siebzig bis hundert Jahre alt. Eine Heirat ist im gesetzlichen Sinne erst einmal ein Vertrag, eine Gesellschaft bürgerlichen Rechts, in die jede Partei Pfründe und Verpflichtungen mitbringt, die gegeneinander aufgewogen werden sollten. Besonders deutlich zeigt das der Film „Sabrina“ von Billy Wilder aus dem Jahre 1954. William Holden, der die Jugendliebe Sabrinas (Audrey Hepburn) verkörpert, soll mit der Tochter eines Geschäftspartners verheiratet werden, um einen Konzernzusammenschluss abzusichern (also auch Männer sind manchmal mit einer Zwangsheirat konfrontiert).

Die Diskussionen machten ihnen deutlich, die religiöse Konnotation zu vernachlässigen.

Feldforschung

Die Komödie gehört zu den erfolgreichsten und meistgespielten Stücken Molières. Literatur, die über Jahrhunderte ihre Aktualität nicht verloren hat, zeichnet sich meist dadurch aus, dass die Figuren lebensecht und genau beobachtet sind. Der klare Blick auf die Stärken und Schwächen unserer Mitmenschen, der Liebe, Hass, Intrigen nachvollziehbar macht. Molière war nicht nur ein glänzender Handwerker der Schauspielkunst, sondern auch ein mit profunder akademischer Bildung gesegneter, hochsensibilisierter Beobachter der Menschheit.

Fragen stellen

Vor dem Finden der Teilfiguren und dem Spiel mit den Signalbildern ging es nun darum, die momentane Situation von Mariane und Valère genau zu klären. Ihre scheinbar aussichtslose Situation und die drohende Zwangsheirat. Durch die Übung „Bilder selbst erzeugen“ und die vielen Informationen aus der

Feldforschung und im fortlaufenden Arbeitsdialog der beiden Spieler*innen, fiel es ihnen nun leicht, Verständnis für die Motivation der Figuren zu begründen und zu präzisieren.

Was ist das Thema des Textes?

Beide Schauspieler*innen benannten für sich als Grundthema: die Freiheit der Selbstbestimmung.

Was erfahren Sie an Eckdaten und Fakten zu diesen Figuren?

- Mariane soll zwangsverheiratet werden.
- Valère und Mariane leben ihre Beziehung heimlich.
- Aus dem Text ergibt sich ein junges Paar auf der Suche nach Freiheit.

Welche Entwicklung des Themas gibt es im Text?

Das Thema des Kampfs um Selbstbestimmung spiegelt sich u. a. in der Macht des Vaters Orgon über seine Familie wider. Sie sind alle gefangen, sie kämpfen und manche haben Pech, sie kommen nicht gegen den Einfluss von Tartuffe an. Die Rettungsaktion – eine gemeinsame Flucht von Valère und Mariane –, zeigte den probenden Schauspieler*innen ihr unbewusstes emotionales Bedürfnis, dem Gefängnis der Autokratie zu entfliehen.

Der scheinbar aussichtslose Kampf gegen Tartuffe und die Machtlosigkeit drückt sich in der Dynamik des kurzen Dialogs in dieser Beispielszene aus.

Es ergab sich beim erneuten Lesen die Einteilung der Sätze 1–50 (s. o.).

Die Teilfiguren finden

Nun suchten sich die Schauspieler*innen ihre Teilfiguren, d. h. jene unterschiedlichen Figuren, die für sie Facetten ihrer Persönlichkeit darstellen.

Spontan zählte der Schauspieler für Valère auf: den Verliebten, den Schauspieler (verkannten Künstler) und den latentaggressiv Unberechenbaren.

Die Schauspielerin der Mariane erfand neben der Grundfigur Tochter einen Sauberkeitswahn Marianes hinzu. So ist sie auch ein abwehrender Zwangscharakter, der sich dem engherzigen Verhalten ihrer Familie gegenüber einen weiteren Panzer zugelegt hat. Eine andere Teilfigur in ihr ist die Liebende.

An diesem Punkt der Assoziationsarbeit, auch wenn längst der Gestaltungswille in ihnen tobte, all das Material endlich auch umzusetzen, ließen sie sich ausreichend Zeit, die Wirkung der Bilder zu entfalten, und nutzten diesen Prozess für den nächsten Schritt.

Die inneren Bilder und Signalbilder

Im nächsten Schritt zur weiteren Präzisierung der gefundenen Teilfiguren – Schauspieler, Zwangscharakter, Verliebte(r), Tochter und latent-aggressiv Unberechenbarer – begannen die Sprecher*innen diese nun mit den stärksten Bildern aus der bisherigen Feldforschung, so auch z. B. mit Szenenbildern aus dem Film „Zeiten des Aufruhrs" zu verknüpfen.

Beim Verknüpfen innerer Bilder mit allen Facetten geht es nicht um die Wiederholung der intellektuellen Leistung der Textanalyse oder einer sinngemäßen Interpretation. Von diesem Punkt aus gehen Sie weiter als all das, was ihnen die Autor*innen vorgeben, denn was in diesem Arbeitsprozess zählt, ist Ihre Wahrnehmung und Assoziation der Dinge. Auch wenn dieser Arbeitsschritt vorerst keiner erkennbaren Logik folgt, vertrauen Sie darauf, dass das Ergebnis einen Sinn ergeben wird.

Die Schauspieler*innen assoziierten frei die inneren Bilder zu den Teilfiguren.

Grundsätzlich immer entscheidend ist, dass es keine allgemeinen Bilder sind, sondern diese alle Sinne ansprechen. Wenn Sie mit der Methode arbeiten, assoziieren Sie völlig unvoreingenommen und ohne Bewertung zu den Teilfiguren. Sollte Ihnen zum Beispiel zur Liebessehnsüchtigen ein Bild aus einem Drama, etwa aus „Who's Afraid of Virginia Woolf", kommen, z. B. ein Schlag von Martha in Georges Gesicht, dann halten Sie das fest. Auch wenn es für den Moment ohne Sinn für den Kontext erscheint.

Jedes starke Bild führt zu Sprechimpulsen.

Die Arbeit ist dann geleistet, wenn Ihnen die Bilder ohne Erinnerungsaufwand zur Verfügung stehen: Dies sind dann Ihre passenden *Signalbilder.*

Oft sind Bilder nicht abrufbar, wenn die Sprecher*innen ihre Assoziationen mit dem Verstand „passend" zum Stück konstruieren und nicht spontan im lauten Sprechen zugeteilt haben.

Im Arbeitsbeispiel dieses Dialogs aus Molières „Tartuffe" ergaben sich für jede Grundfigur folgende drei *Teilfiguren* und *Bildassoziationen:*

Valère

Der Schauspieler entschied sich, für alle drei Teilfiguren die Figur des Jack Baker (Jeff Bridges) aus „The Fabulous Baker Boys" als Inspirationsquelle zu nehmen.

Der Verliebte: In der Szene vor dem Silvesterkonzert, wo Jeff Bridges im Verbindungsbad der Suite an Susies (Michelle Pfeiffer) Parfümflacon riecht, sich sogar versehentlich etwas ins Auge sprüht, wie auch die Massage nach dem Konzert im leeren Ballsaal, zarte Berührungen, die dann leidenschaftlicher werden.

Der Schauspieler: Jack Baker spielt, obwohl er ein begnadeter Jazzpianist ist, seit dreißig Jahren seinem Bruder (Beau Bridges) zuliebe nur Barpianomusik in unterklassigen Hotels, ist dabei sehr unglücklich, hält das Spiel aber durch.

Das Signalbild: die Szene in einem TV-Studio für einen heruntergekommenen Lokalsender.

Der latent-aggressiv Unberechenbare: Jack Baker und Susie Diamond sind sich nähergekommen, aber sie können sich ihre Gefühle nicht eingestehen und sparen nicht mit zynischen Kommentaren.

Das Signalbild: Die Szene, in der Susie Jack mitteilt, dass sie ein anderes Engagement angeboten bekommen habe, über das sie nachdenke, und seinen Rat haben möchte, wird Jack sehr zynisch, „kalt wie eine Rasierklinge“. (Es gibt in dieser Szene viele Übereinstimmungen mit der Valère-Mariane-Szene des Beispiels). Alternativ auch das Bild: Auch Jacks Reaktionen auf die Sticheleien und Bevormundungen seines Bruders können Signalbilder erzeugen (z. B. wirft der Bruder mit einer Kiwi nach Jack, der mit einer Ananas kontert).

Mariane

Die Verliebte: Michelle Pfeiffers Susie wurde das Signalbild für die verliebte Frau, denn auch Susie schnuppert in der Badezimmerszene an Jacks Rasierwasser, spielt mit seinem Rasierpinsel.

Das Signalbild: wie sie am Flügel lehnt, wenn sie seinem Jazzspiel lauscht.

Die Tochter: Im Film „The Duchess“ (2008) spielt Keira Knightley eine junge Adelige, deren Ehe mit einem einflussreichen Herzog arrangiert wird. Ihre einzige Aufgabe: sie muss loyal sein und ihm einen Erben gebären. Ihre Gefühle sind dabei zweitrangig bzw. werden vollkommen ignoriert oder sogar brutal sanktioniert

Das Signalbild: Vergewaltigung durch den Gatten, als sie gleiches Recht zu einer Nebenbeziehung fordert.

Der Zwangscharakter: Bei der hinzuerfundenen Teilfigur des Zwangscharakters ergab sich ein Bild aus dem näheren Umfeld: Die Schauspielerin erinnerte sich an einen Onkel, einen sogenannten Phonophobiker, der ein bestimmtes Geräusch aufgrund seiner Krankheit einfach nicht aushielt, da er es mit einer negativen Erfahrung in Verbindung brachte und völlig ausflippte. Eine knallende Tür führte bei diesem Verwandten zu sofortigem Kontaktabbruch.

Im späteren Verlauf der Textarbeit ergab sich, dass das Auf-den-Boden-Knallen eines von Valère mitgebrachten Gedichtbandes in einer Textzeile zu einem emotionalen Auslöser der Teilfigur von Mariane wurde.

Das Hauptkriterium der Signalbilder ist, das assoziierte Bild zu wählen, das die Teilfigur blitzschnell erscheinen lässt bzw. intuitiv eine ganzkörperliche Reaktion auslöst, wie ein Stich in den Magen, ein Seufzen, ein Lächeln, eine Kurzatmigkeit etc.

Wie bei einem Laserscanner macht etwas „klick".

Die Bilder der Teilfiguren sollten stärker und farbiger gemacht werden, als sie wahrgenommen oder assoziiert wurden. Es ist wichtig, dass sie ohne Aufwand abrufbar sind, d. h., der bloße Gedanke löst das Bild aus. Die Signalbilder funktionieren nur dann, wenn sie auch nach Tagen noch in Sekundenschnelle schon dadurch, dass man kurz daran denkt, ausgelöst werden.

Arbeitsanleitung
Nutzen Sie die Teilfiguren und Ihre Signalbilder als Klaviatur Ihrer Interpretationsmöglichkeiten. Fügen Sie, falls nötig, neue hinzu oder tauschen Sie sie aus.

Quentin Tarantino, so heißt es, zeigt seiner Crew vor jedem Drehtag am Abend Filme. Er sorgt so für einen Bilderreichtum an Assoziationen aller am Film Beteiligten.

Schritt 2: Verknüpfung mit dem Text

Von der nun „funktionierenden" Assoziationsbibliothek ausgehend, konnten die ersten Sätze improvisiert werden.

Die Kunst besteht nun darin, die spannendsten Bilder dem Text zuzuordnen bzw. zu entscheiden, welche Bilder den Worten den natürlichen Sprechimpuls und somit die Energie, die Farbe und den Ton des Gedankens geben.

Beide Schauspieler*innen hatten großen Spaß, alle Teilfiguren und Signalbilder zu jedem Satz auszuprobieren und auch miteinander auszutauschen.

Weibliche, männliche oder andere Genderidentifikationen müssen nicht kongruent zu den Rollengeschlechtern sein, wenn das Signalbild von einer männlichen Teilfigur ausgelöst wird, so kann, darf und muss es auch für jede weibliche Rolle eingesetzt werden bzw. vice versa!

Nach einigen Durchgängen kamen die Schauspieler*innen stimmig zu einer vorläufigen Zuteilung.

Jeder Satz ordnete sich spontan und reflexhaft (siehe Beispiel unten) einem Signalbild der beiden Figuren zu, die sich dann mit dem jeweiligen Gedanken verknüpften und sich mühelos abrufen ließen.

So ergab sich folgende Zuordnung der Teilfiguren und ihrer inneren Bilder zu den Einteilungen der Sätze 1–58:

Mariane

Tochter: 6, 12, 21, 25, 31, 37, 39, 45, 47, 54
Zwangscharakter: 4, 10, 23, 29, 43, 58
Verliebte: 2, 8, 14, 16, 19, 26, 35, 49, 52

Valère

Verliebter: 3, 5, 13, 18, 22, 27, 33, 40, 42, 44, 46, 51, 53
Schauspieler: 9, 15, 17, 20, 24, 28, 30, 34, 41, 50, 57
Unberechenbarer: 1, 7, 11, 36, 38, 48, 55

Zum leichteren Einprägen markieren Sie die Teilfiguren farblich.

Schritt 3: Let it go!

Es ist nun wichtig, dem Reflex der gefundenen Signalbilder zu vertrauen und nicht erneut zu visualisieren, d. h. nicht während des Sprechvorgangs „hochzuladen“.

Hier gilt die Devise „Im Wettkampf wird nicht trainiert“. Wir führen unser Sprechen nicht vor, sondern wir sprechen. Die Worte passieren uns wie im Leben reflexiv. Sprechen Sie drauflos und vertrauen Sie Ihrem Moment.

In diesem Dialog vertieften sich für die Darsteller*innen die Zuordnung der Textportionen auf selbstverständliche Weise und ganz organisch – der Schauspieler kippte in die Liebessehnsüchtige, die Tochter schaltete sich ein, der latent Aggressive explodierte, der Zwangscharakter reagierte auf den Poeten.

Die Bildassoziationen müssen stärker als die Worte sein, um diese zu „vertonen". Sie geben dem gesprochenen Wort seine Authentizität. Mühelos und ohne etwas angestrengt herzustellen, ergibt sich der Dialog. In den Texten sprechen Menschen miteinander, keine abstrakten Figuren, und es sind immer mehr als die sichtbaren. Es sind die Bilder und nicht die Worte, die den Inhalt in uns Zuhörenden hervorrufen.

In den so gesprochenen Texten wird zudem eine stimmliche Farbpalette durch die Teilfiguren hörbar, ein facettenreicher Dialog der Teilfiguren äußert sich ohne körperliche Anstrengung und lässt somit Ihre Stimmen frei reagieren.

Die Facette des „Unberechenbaren" verhalf dem Abschied Valères zu einem starken Moment. Sie verdeutlichte die Leidenschaft der beiden Liebenden.

Erfahrungen mit dem Arbeitsbeispiel

Die Erfahrung bei den ersten Theaterproben der jungen Schauspieler*innen zeigte, dass sich diese Arbeitsweise als äußerst geeignet erwies.

Die Vorbereitung mit *Bilder sprechen* zahlte sich für die Schauspieler*innen aus.

Als sie mit den Proben begannen, forderte die Regisseurin des Stücks die Schauspieler*innen gleich zu Beginn mehrmals und auf Zuruf auf, Spielsituationen zu verändern.

Es standen so viele Bilder zur Verfügung, sie machten es möglich, dass mit jeder Anweisung mühelos eine andere Facette der Figuren im Spiel vorhanden war und kein Text dabei „störte".

Da eine funktionierende Assoziationsbibliothek zur Verfügung stand, war es kein Problem, sich von der bestehenden Zuordnung der Teilfiguren und ihrer Signalbilder zu lösen und andere Zuordnungen zuzulassen. Ein müheloser Vorgang im Umgang mit dem Text.

Selbst nach einer längeren Probenunterbrechung durch die Theaterferien in der Sommerpause gestaltete sich dieser Dialog in den wieder aufgenommenen Proben immer wieder neu und es entstand etwas Besonderes. Gedanken und Worte waren immer in ihrer Kraft kongruent und „passierten", die Stimme war frei von unnötigen Spannungen.

Es entstand ein Spielspaß, da sich beide Schauspieler*innen mit neuen Facetten überraschen konnten.

So erarbeitete Texte entwickeln sich ständig weiter, da unser gesamtes Atem-Körper-Stimmsystem immer mit dem Inhalt verknüpft ist und nicht die Dressur einer ausgedachten Wirkung durch z. B. ausgedachte Betonung abgerufen wird.

In diesem Arbeitsbeispiel entstand in den folgenden Schauspielproben später aus der Wut beider Figuren ein Rap und entwickelte sich in ein Stottern; einige Brüche zwischen den Teilfiguren wurden zu Übergängen, d. h. die Signalbilder verschmolzen zu einem komplexeren neuen Signalbild und konnten nun reflexhaft die zu sprechenden Sätze auslösen.

Der Text wurde bei den weiteren Proben und in der folgenden Premiere in der Qualität und Wiederholbarkeit beständig. Er „störte" nicht bei den Schauspielproben, sondern die anfangs manchmal unlogisch wirkende Verknüpfung führte im Endergebnis zur Stimmigkeit der Interpretation. Das häufig gegenteilige Signalbild der zu sprechenden Worte verhilft so zur lebendigen und authentischen Sprechweise. Menschen sind keine logischen Wesen. Im Moment unseres Lebens wissen wir nicht immer, warum wir etwas und wie wir etwas sagen. Starke innere Bilder bewahren vor einer Konstruktion einer kopfgesteuerten Interpretation eines Textes und führen die Sprecher*innen zur Versinnbildlichung.

Die beschriebene Methode bringt sie genau an diesen Punkt, ein Bild lässt sie sprechen.

Es geht immer um die Essenz des Inhalts, die Notwendigkeit des Sprechens mit den passenden Signalbildern zu kreieren und in der Folge den richtigen Ton aus uns sprechen zu lassen.

KLASSIKER
INTERPRETIEREN

„Jeder Mensch ist ein Abgrund, es schwindelt einem, wenn man hinabsieht.“

Georg Büchner, „Woyzeck“

Klassische Texte sind durch ihre stimmige Textform ideal für das Üben im präzisen Umgang mit Sprache. Für angehende Schauspieler*innen sind sie eine große Herausforderung – durch die ungewohnte Verssprache wird ein klassischer Text schnell als fremd wahrgenommen, er will nicht so flüssig wie unsere Spontansprache aus dem Mund – lange Sprechbögen, ein ungewohnter Wortschatz, der Wechsel von Prosa zu Versmaß, Grammatik und Pathos sind uns in dieser Form nicht mehr geläufig.

Das kann dazu führen – und verführen –, die klassischen Stücke mit einer aufgesetzten Stimme „schön“ zu sprechen. Das distanziert uns und unsere Zuhörer*innen – man wird dem klassischen Text nicht gerecht, der Text wird vorgeführt, statt ihn zu leben, zu durchleben, zu erleben.

Unsere alltägliche Sprache ist u. a. extrem durch die Medien geprägt und auf das Vereinfachen komplexer Inhalte ausgerichtet. Die Aufgabe für Sie als Schauspieler*innen/Sprecher*innen besteht in der gebundenen Sprache eines klassischen Textes darin, Ihren persönlichen Zugang zu finden. *Bilder sprechen* unterstützt, die Welt des klassischen Textes in die eigenen Bilderwelten zu übersetzen, sie sprachlich lebendig und zeitgemäß zu interpretieren.

Schiller, Goethe, Kleist, Shakespeare, Molière und Co. bieten in ihren Geschichten die großen Emotionen unseres Lebens in komprimierter Form. Die Faszination von Dramenfiguren wie Klytaimnestra, Elektra oder eines Amphitryon liegt in der Mischung aus den Extremen, einer ungeheuren Brutalität, einer Heiterkeit und Spannung zwischen Sexualität und Tod, und daran hat sich bis heute nichts geändert – einmal eingetaucht in die Welt der griechischen Mythen, in denen Liebe, Hass, Mord und Eifersucht herrschen, erkennen Sie den Stoff, aus dem jeder gute Film besteht.

Die Serie „Game of Thrones“ etwa bietet einen großen Fundus an assoziativen Bildern, und viele Binge-watch-Serien von Netflix bis Amazon präsentieren Ableitungen zu den Konflikten aus der klassischen Theaterliteratur: „How To Get Away with Murder?“, „House of Cards“, „The American“; „Breaking Bad“ und auch die Welt von „Game of Thrones“. Und manche dieser Serien machen eine Aussage über die heutige gesellschaftliche Situation, genau wie es z. B. Shakespeare zu seiner Zeit mit Stücken wie „Richard II“, „Henry V“ und „Richard III“ getan hat, als Stückeschreiber mit gesellschaftlicher Verantwortung.

Zur Aufgabe und Verantwortung von Schauspieler*innen von heute gehört es, diese Klassiker allen Zuhörer*innen durch ein zeitgemäßes, authentisches Sprechen zugänglich zu machen. Die Voraussetzung für diese Herausforderung ist, klassische Stücke aus der Perspektive unserer Gegenwart zu lesen.

Um die Verssprache authentisch zu sprechen, benötigen Sie die Kraft Ihrer ganz individuellen inneren Bilder, die die Form des ungewohnten Textes nicht „altmodisch“, sondern selbstverständlich sein lässt. Ein Vers wird somit nicht zu einem Fremdgebilde, da die Worte nichts anderes sind als zu kommunizierende Bilder – die Zuhörer*innen können sie so durch Ihre gesprochenen Bilder mit heutigen Hörgewohnheiten entdecken.

Vanessa Redgrave äußert sich zu dem Thema der klassischen Sprache sehr treffend in Al Pacinos filmischer Bearbeitung zu „Richard III“, „Looking for Richard“, zum Umgang mit der Sprache Shakespeares:

“Shakespeare’s poetry and iambics floated and descended through the pentameter of the soul. And it’s the soul, the spirit of real, concrete people going through hell and sometimes moments of great achievement and joy. That is the pentameter you must focus on and should you find that reality all the iambics will fall into place”.[14]

[14] Vanessa Redgrave zit. n. „Looking for Richard“ (DVD), Regie: Al Pacino, 1996, Twentieth Century Fox.

Treten Sie, Sprecher*innen und Schauspieler*innen, die Forschungsreise in die Welt der Klassiker an! Nutzen Sie alle Assoziationen von Pumuckl bis Hannibal Lecter und finden Sie die passenden Teilfiguren und Signalbilder! Lassen Sie sich auch hier von den Beispielen inspirieren!

Übung: Ordnen Sie die vorgestellten Signalbilder den Sätzen selbst zu und vergleichen Sie Ihre Fassung mit der vorgeschlagenen Fassung – siehe Übungsblatt im Anhang. Alternativ dazu nehmen Sie den Text und durchlaufen die vorgeschlagenen Schritte für sich. Anschließend überprüfen Sie Ihre Ergebnisse mit den Beispielen.

Textbeispiel: Klassischer Monolog aus Heinrich von Kleists „Amphitryon“

Inhalt: Der Gott Jupiter verführt die irdische Alkmene in Gestalt ihres Gatten Amphitryon. Als der echte Amphitryon von seinem siegreichen Feldzug gegen die Athener nach Theben zurückkehrt und ihm seine Frau von der gemeinsamen Liebesnacht erzählt, rast er vor Eifersucht, hofft jedoch, dass sie ihn nicht willentlich betrogen habe. Als aber auch seine Feldherren außerstande sind, zwischen Jupiter und Amphitryon den wahren Amphitryon zu erkennen, stürzt er in eine Identitätskrise. Am Ende gibt sich Jupiter zu erkennen und entschädigt Amphitryon mit dem Versprechen, dass seine Frau ihm den Gottessohn Herkules schenken werde.

Figur: Amphitryon

(1) „O Gott Amphitryon“ (2) Der Himmel gebe,
daß meine Gattin nicht vor mir erschrickt,
Als ihr Amphitryon zurückgekehrt
(3) Was?
(4) Dieser Ausruf:
„Schon so früh zurück!“ ist der Empfang,
Beim Himmel, nein! Der heißen Liebe nicht.

(5) Ich Törichter! Ich stand im Wahn, daß mich
Der Krieg zu lange schon von hier entfernt;
(6) Zu spät, war meine Rechnung, kehrt ich wieder
Doch du belehrst mich, daß ich mich geirrt,
(7) Und mit Befremden nehm ich wahr, daß ich
Ein Überlästger aus den Wolken falle.
(8) Nein Alkmene,
Verzeih. (9) Mit diesen Worten hast du Wasser
Zu meiner Liebe Flammen hingetragen.
(10) Du hast, seit ich Dir fern, die Sonnenuhr
Nicht eines flüchtgen Blicks gewürdigt.
(11) Hier ward kein Flügelschlag der Zeit vernommen,
(12) Und unter rauschendem Vergnügen sind
In diesem Schloß fünf abgezählte Monden
Wie so viel Augenblicke hingeflohn.
(13) Hat mich etwa ein Traum bei dir verkündet.
Alkemene? (14) Hast du vielleicht im Schlaf
Empfangen, daß du wähnst, du habest mir
Die Forderung der Liebe schon entrichtet?
(15) Was? Mir wagst du zu sagen, daß ich gestern
Hier um die Dämmerung eingeschlichen?
(16) Daß ich dir scherzend auf den Nacken – Teufel!
(17) Du scherzest. Laß zum Ernst uns wiederkehren,
Denn nicht an seinen Platz ist dieser Scherz.

(Heinrich von Kleist, „Amphitryon“, Reclam S. 31/32)

Schritt 1: Anreichern

Lesen Sie den Text zu Beginn mehrfach halblaut und hören Sie sich aufmerksam zu. Lassen Sie das Stück und die Figur auf sich wirken. Notieren Sie Ihre ersten Eindrücke.

Der Schauspieler, der dieses Beispiel erarbeitete, notierte in der ersten Begegnung mit dem Text folgende Assoziationskette: *der den Verstand Verlierende – nicht komisch – einfach durchdrehen im Wahnsinn des Seins – wer bin ich.*

Bilder selbst erzeugen

Nach der Anleitung „Bilder selbst erzeugen" (vgl. das Beispiel von Rilkes Brief) vertiefte sich der Schauspieler und ließ Bilder aufkommen.

Er durchlief einen Tag im Leben von Amphitryon.

Im nachträglichen Erinnern notierte er weitere Bilder und freie Assoziationen zu Amphitryon: *archaische Bilder eines Gladiators – das Bild „Der Schrei" von Edvard Munch – Zeilen des Gedichts „An die Nachgeborenen" von Bertold Brecht – das unbekannte Gesicht des Graffitikünstlers Banksy.*

Feldforschung

Ursprünglich als Übersetzung des „Amphitryon" von Molière geplant, macht Kleist die Titelrolle zu einem wahrlich Zerrissenen.

Was ist Sein? Was ist Schein? Wer bin ich? Die Identität des Helden bröckelt mit jedem Ereignis in der tragischen Komödie.

Auf den ersten Blick scheint die Figur „einfach": Eifersucht, Wut, gegen den Verlust von Würde ankämpfend. Aber die Ebenen sind vielschichtiger und zeitlos. Aus der Perspektive unserer Zeit gesehen, findet sich eine Metaebene: die der Fremdbestimmung durch äußere Gruppierungen. Man ist Bürger eines Landes, Teil einer Familie, eines Standes und mit jeder Zuordnung werden Erwartungen an einen gestellt. Auch der Dichter Heinrich von Kleist musste sich mit an ihn gestellten Erwartungen auseinandersetzen, und er zweifelte.

Während Kleists Zeitgenossen mit seiner Bearbeitung nichts anfangen konnten, hat die Nachwelt ihn als großen Dichter anerkannt. „Franz Kafka bewunderte den rasenden Melancholiker und sah in ihm seinen ‚eigentlichen Blutsverwandten'. Thomas Mann nannte *Amphitryon* 1927 das ‚witzig-anmutsvollste, das geistreichste, das tiefste und schönste Theaterspielwerk der Welt'. Das ‚Kleistische' war für ihn das Moderne schlechthin. Vielen gilt Kleist heute als unverstandener Visionär, der seiner Zeit auf tragische Weise voraus war."[15]

[15] www.getabstract.com/de/zusammenfassung/amphitryon/7810

Was ist das Thema des Stücks/der Rolle?

Verlauf: Die Erforschung des Textes führte unter anderem zu den Fragen: Wie ist der Feldherr ohne Öffentlichkeit? Wie reagiert er in seiner Verletzlichkeit? Was für einen Menschen machen Zweifel und Sich-Hinterfragen aus ihm?

Kleist zeigt in Amphitryon das Zerrissene des modernen Subjekts. Das Festlegen von Identitäten, die in der Figur durch die Fragmentierung der Ereignisse zerbröseln.

Auf den ersten Blick bietet der wütende, eifersüchtige und verballhornte Feldherr wenig Möglichkeit im Spiel, außer das Spiel der Macht zu spielen und sich zu wehren.

Alkmene sagt in dem Drama: „dass ich es mit den Fingern lese ..."

Aus der Perspektive unserer Gegenwart gelesen, heißt das, auch wir leben in einer Zeit, in der Gruppierungen versuchen, uns zu definieren, welche Identität wir als Bürger, Gruppe oder Land haben sollten. Wer wir sind.

Eckdaten und Fakten

Kleist selbst erlebte diese Form der Identitätskrise, er erlebte den Zusammenbruch im Neapolitanischen Krieg und wusste nichts mehr von dem, was kam. Der Dichter Kleist ist unter dem Blickwinkel seiner Beziehung zu seiner Schwester zu betrachten. Er schreibt in einem seiner berühmten Briefe an Ulrike von Kleist im Mai 1799 von Frankfurt an der Oder: „Was ist wünschenswerther, auf eine kurze Zeit, oder nie glücklich gewesen zu sein?"

Kleist zeigt in „Amphitryon" die Unsicherheit dessen, wer man ist. Es gibt keine Gewissheit darüber, wer man ist und auf was man vertrauen könnte. Die Kernfragen der Figuren führt zu vielen Facetten, die es alle zu vereinen gilt.

Die Teilfiguren und Signalbilder

Nun suchte sich der Schauspieler die Teilfiguren zu Amphitryon, d. h. jene unterschiedlichen Figuren, die für ihn Facetten seiner Persönlichkeit darstellen.

Spontan assoziierte er die Teilfiguren:

Der Ehemann: Das Signalbild für die Teilfigur des Ehemanns wurde der ruhige, noble und zurückhaltende Auftritt des Filmschauspielers George Clooney in der Nespresso-Werbung, sein Grinsen mit dem Satz: „Nespresso, what else?"

Der Verliebte: Leonardo di Caprio als Romeo in Baz Luhrmanns „Romeo und Julia"-Verfilmung verbildlichte die Teilfigur des Verliebten. Der Blick zu Julia durchs Aquarium wurde das Signalbild.

Der Dichter: Ein Interview mit dem österreichischen Dichter Gert Jonke im ORF ergab die Teilfigur des Dichters. Jonke, schweifend, rührend und schrullig, war das Signalbild.

Der Feldherr spiegelte sich im Bild des Gladiators aus dem gleichnamigen Film. Die von Russell Crowe verkörperte Hauptfigur sagt: „Vater eines ermordeten Sohnes, Ehemann einer ermordeten Frau, und ich werde mich dafür rächen". Den Schmerz, den diese Szene transportierte, führte zur Essenz des Signalbilds.

Der Narzisst: Für die Teilfigur des Narzissten griff der Schauspieler auf einen All-time-Favoriten zurück: den Schauspieler Klaus Kinski. Eine Auseinandersetzung mit einem Zuschauer während seiner Lesung „Jesus Christus Erlöser", in der sich Klaus Kinski zerrissen, aufbrausend und verletzt über die mangelnde Aufmerksamkeit der Zuhörer beschwert. Das Signalbild wurde die Szene, in der er zu einem motzenden Zuschauer sagt: „Er hat eine Peitsche genommen und ihm in die Fresse gehauen, du dumme Sau" – *ein eindeutiges Signalbild.*

Der Pedant: Das Signalbild der Teilfigur des Pedanten lieferte die Dokumentation „Erbsenzähler – Pedanten unter uns" von Tilo Knops und Kirsten Waschkau. Das Signalbild daraus: ein Jurist, der freiwillig akribisch Rechtsnormen bei Geschäften überprüft.

BILDER SPRECHEN

STÜCK AMPHITRYON

INHALT Jupiter vollzieht als Amphitryon getarnt den lang ersehnten Liebesakt mit Alkmene; als der echte Amphitryon zu seiner Gattin Alkmene zurückkehrt, ist diese bereits befriedigt!

FIGUR Amphitryon

TEILFIGUR	ABLEITUNG	SIGNALBILD
Ehemann	**George Clooney** ruhig, nobel, zurückhaltend	*„Nespresso, what else"*
Feldherr	**Russel Crowe** stoisch, brutal, Berserker	*In Gladiator: „Vater eines ermordeten Sohnes, Ehemann einer ermordeten Frau, und ich werde mich dafür rächen!"*
Narzisst	**Klaus Kinski** verletzt, aufbrausend, zerrissen	*„Er hat eine Peitsche genommen und ihm in die Fresse gehauen, das hat er gemacht, du dumme Sau"*
Verliebte	**Leonardo Di Caprio** baff, verzaubert, weich	*Liebe auf den ersten Blick, Romeos und Julias Blick durch das Aquarium*
Dichter	**Gert Jonke** schweifend, spinnend, schrullig	*Gert Jonke erzählt von seiner Arbeit, ORF-Beitrag*
Pedant	**Erbsenzähler** hart, genau, gierig	*Jurist, aus Doku, der freiwillig Rechtsnormen bei Geschäften überprüft*

Schritt 2: Verknüpfung mit dem Text

Von der nun „funktionierenden" Assoziationsbibliothek ausgehend, können die ersten Sätze improvisiert werden.

Die Kunst besteht nun darin, die spannendsten Bilder dem Text zuzuordnen bzw. zu entscheiden, welche Bilder den Worten den natürlichen Sprechimpuls und somit die Energie, die Farbe und den Ton des Gedankens geben.

Wiederholen Sie alle Teilfiguren und Signalbilder zu jedem Satz aus diesem Beispiel oder finden Sie eigene; Sie werden sehr klar zu einer vorläufigen Zuteilung kommen.

Jeder Satz ordnete sich bei diesem Beispiel spontan und reflexhaft Amphitryon zu, der sich dann mit dem jeweiligen Satzgedanken verknüpfte und mühelos abrufen ließ.

So ergab sich folgende Zuordnung der Teilfiguren und ihrer inneren Bilder zu den Sätzen 1–17:

Zuordnung der Sätze zu den Subpersonen:

Dichter: 1, 5, 10, 12,16
Ehemann: 4, 8
Narzisst: 2, 11, 15
Feldherr: 3, 7, 9
Verliebter: 13, 17
Pedant: 9

Zum leichteren Einprägen können Sie die Teilfiguren farblich markieren.

Schritt 3: Let it go!

Es ist nun wichtig, dem Reflex der gefundenen Signalbilder zu vertrauen und nicht erneut zu visualisieren, d. h. während des Sprechvorgangs nicht „hochzuladen". Also beim Sprechen nie ans Sprechen denken.

Hier gilt die Devise „Im Wettkampf wird nicht trainiert". Wir führen unser Sprechen nicht vor, sondern wir sprechen. Die Worte passieren uns wie im Leben spontan. Sprechen Sie drauflos und vertrauen Sie Ihrem Moment.

Textbeispiel: Monolog aus Sophokles' „Elektra“

Rolle: Klytaimnestra
Inhalt: Orestes ist nach Mykene gekommen, um den Tod seines Vaters Agamemnon zu rächen.

Seine Mutter Klytaimnestra und ihr Geliebter Aigisthos hatten Agamemnon nach seiner Rückkehr aus dem Trojanischen Krieg ermordet.

Orest gibt sich zunächst nicht zu erkennen, sondern erscheint als Bote im Palast, um seinen vermeintlichen Tod zu melden und so Klytaimnestra in Sicherheit zu wiegen. Tiefer als alle anderen trifft diese Nachricht Elektra, die Schwester des Orest, die sich in maßlosem Leid um das Geschehene verzehrt, nur im Gedanken der Rache für ihren Vater lebt und sehnsüchtig auf den Bruder wartet. Ihrem wilden, unbeugsamen Leid gegenüber vermag Orest sich nicht länger zu verstellen. Er gibt sich ihr zu erkennen. Überglücklich umarmt ihn Elektra und treibt ihn zur Tat. Sie schmieden den Plan zur Rache. Orest tötet Aigisthos und nach einigem Zweifel auch seine Mutter Klytaimnestra.

Figur: Klytaimnestra
Die Gestalt der Klytaimnestra stammt aus der griechischen Mythologie. Sie war die Gattin des Königs Agamemnon, Tochter des Spartaner-Königs Tyndareos und Schwester der schönen Helena. Ihre Kinder waren Elektra, Chrysothemes, Iphigenie und Orest. Um günstigen Wind für seinen Kriegszug nach Troja zu bekommen, war Agamemnon bereit, seine Tochter Iphigenie zu opfern. Aus tiefem Hass tötete sie ihn gemeinsam mit ihrem Geliebten Aigisthos.

Klytaimnestra

(1) Losgelassen, so scheint es, streifst du wieder
herum, kaum das Aigisthos fort ist, (2) der stets zurück
dich hielt, dass du nicht vor die Tore rennst,
zu schmähen die Deinen!
(3) Jetzt, da er gegangen ist, kehrst du nicht zu mir,

nein, (4) hast mich viel schon vor den Vielen angeklagt,
dass ich frech und unberechtigt herrsche (5) und dich und
die Deinen zwinge unters Joch!
(5) Doch liegt Gewalt mir fern, und schmäh ich dich, dann
nur weil du mich schmähest allezeit!
(6) Zu deinem Vorwand nimmst du stets den Vater,
der durch mich gestorben sei! Durch mich! Schon recht
(7) Ich weiß, und leugne nichts!
(8) Doch Dike, die Gerechtigkeit, hat ihn gefasst,
nicht ich allein! (9) Der du helfen solltest, wenn
du verständig wärst. (10) Denn dieser, dein Erzeuger,
den du stets bejammerst, hat deine Schwester,
Blut von deinem Blut, gewagt zu opfern
als einzger der Hellenen. (11) Er, der nicht
gleich mir sich erschöpft in Schmerzen,
als er sie säte, so wie ich, die sie gebar! –
(12) Nun gut! (13) Erklär mir denn, wofür und wem zulieb
er sie geopfert! (14) Etwa für der Argeier Heer?
(15) Doch ihnen stand's nicht zu, die Meine grad zu schlachten!
(16) Für seinen Bruder also, Menelaos? (17) Für ihn soll er
die Meine töten und mir nicht schuldig sein?
(18) Hatte nicht jener selbst zwei Kinder,
die nach Recht und Billigkeit viel eher
als meine Tochter sterben mussten,
da sie von jenem Vater und der Mutter,
um derentwillen diese Seefahrt ging?
(19) Oder lüstet es Hades wohl mehr, die
Meinen zu verschlingen als die Seinen?
(20) Oder war das Gefühl des ganz verderbten Vaters
Für die von mir gebornen Kinder ganz erschlafft
und lebte nur für die des Menelaos?
(21) Muss schnöd und ganz von Sinnen nicht ein solcher Vater sein?
(22) Mir scheint es so, steh ich auch gegen deinen Sinn!
(23) Doch sagen würde es auch die Tote,
wäre Stimme ihr vergönnt!
(24) Darum beschwert das Herz mir nicht, was ich getan!
(25) Doch scheint es dir, ich dächte schlecht,

so fasse du nur erst den rechten Sinn,
dann magst du die Deinen schelten!
(Sophokles, „Elektra", 1. Akt, 2. Auftritt, übers. v. Wolfgang Schadewaldt)

Schritt 1: Anreichern

Lesen Sie den Text zu Beginn mehrfach halblaut und hören Sie sich aufmerksam zu. Lassen Sie das Stück und die Figur auf sich wirken. Notieren Sie Ihre ersten Eindrücke.

Die Schauspielerin der Klytaimnestra empfand den Zugang zum Text als herausfordernd. Die ungewohnte Sprache schien ein Hindernis zu sein, um die Geschichte zu verstehen. Die Verse erschienen ihr schwierig zu erfassen und zu sprechen. Sie empfand sie trotz mehrfachen Lesens als fremd.

Nicht leicht zu sprechen, die Wortwahl exotisch und geschwollen. Der Text tönte aus ihr und klang sofort nach Theater im schlechtesten Sinne. Die Welt der Klytaimnestra wirkte unzugänglich.

Es galt, diese Überforderung vorerst auszuhalten. Die Suche nach einem Zugang zu Sprache und Stück ließ sich später in der Überforderung der Figur sogar nutzen und einsetzen.

Das wiederholte laute Lesen des Textes ließ sie folgende Stichwörter notieren: *entschlossen – radikal – Rausch und Genuss der Macht – den Moment zelebrieren – wie geht's weiter?*

Bilder selbst erzeugen

Nach der Anleitung „Bilder selbst erzeugen" (vgl. das Beispiel von Rilkes Briefen) vertiefte sich die Schauspielerin und ließ Bilder aufkommen.

Sie durchlief einen Tag im Leben von Klytaimnestra. Es entstanden vor ihrem inneren Auge erste Bilder und Assoziationen: *Machtfigur – den Kerl mitspielen – emanzipiert – Mutter-Tochter-Konflikt – Angst vor der Rückkehr des Orest.*

Sie entdeckte in der Vertiefung einen Genuss der Figur von allem Schrecklichen und Bösen.

Und auch das Leben einer Getriebenen.

Bilder aus Filmen mit starken Frauenfiguren traten vor ihr inneres Auge. Verkörpert von den Schauspielerinnen Meryl Streep und Faye Dunaway.

Feldforschung/Eckdaten des Textes

In der weiteren Beschäftigung mit dem Text sah sie, dass die Herausforderung der Figur darin bestand, sie nicht nur manipulierend oder machtbesessen darzustellen.

Einen ersten Hinweis dafür lieferte ihr der auftauchende Konflikt der Klytaimnestra mit ihren Kindern Orest und Elektra, sie bittet um Verständnis für ihr Handeln. Sie ist eine archaische Figur, emanzipiert und voller Geradlinigkeit. *„Meiner Herrin männlich Herz"*, sagt der Wächter im ersten Monolog zu Beginn des Stückes der Atridentragödie „Elektra". Ein Satz, der sie charakterisiert. Die Chorpassagen im Stück spiegelten Stärke und Macht der mykenischen Königin wider.

Thema der Klytaimnestra

Es kristallisierte sich heraus, dass für diese Schauspielerin das Thema des Mutter-Tochter-Konflikts zentral wurde. Zwischen Klytaimnestra und Elektra wogt ein Meer von Auseinandersetzungen, nicht nur die psychologische Problematik zwischen Mutter und Tochter, die fast „inzestuös" an ihrem Vater hing, sondern auch die politische, der Kampf des Matriarchats gegen die das Patriarchat stützende Tochter. Zu einer interessanten Informationsquelle wurde George Devereux' Aufsatz „Der Traum der Klytaimnestra"[16] (im Traum hat Orest ihr beim Stillen die Brust blutig gesaugt); auch die Bearbeitung von Eugene O'Neills Stück „Trauer muss Elektra tragen" (die Geschichte ist dort in den Südstaaten der USA angesiedelt) bot Material zur Vertiefung und zu Assoziationen.

Des Weiteren sah sie sich die Filme „Network" und „Mommie Dearest" an, in denen Faye Dunaway vielschichtige, starke Frauen porträtierte. Und die Filme „The Iron Lady" und „The

[16] In: George Devereux: Träume in der griechischen Tragödie. Eine ethnopsychoanalytische Untersuchung. Suhrkamp Verlag, Frankfurt 1982.

Manchurian Candidate" mit Meryl Streep, auch diese Geschichten lieferten starke Bilder einer schillernden starken Frauenfigur.

Know how to play the game

Der Schauspielerin war es wichtig, eine Frau zu zeigen, ähnlich den Figuren von Meryl Streep, die sich in einer ausschließlich männlich geprägten Welt durchschlagen muss, sich die Macht nimmt und sich durchsetzen kann. Know how to play the game.

Beim erneuten Lesen ergaben sich die Sinneinheiten 1–25 (s. o.)

Die Teilfiguren und Signalbilder

Schnell konnte die junge Schauspielerin auf der Basis der gesammelten Informationen und der ersten Vertiefung in „Bilder selbst erzeugen" die verschiedenen Teilfiguren dieses schillernden Charakters herausfiltern: Mutter, Königin, Mörderin, Geliebte und Intrigantin.

Das gesammelte Material aus der ersten Feldforschung ergab einen Fundus an Bildern. Sie assoziierte Politiker*innen, Serienfiguren, Theaterfiguren und auch Gemälde, wie etwa „La Liberté guidant le peuple" („Die Freiheit führt das Volk an") von Eugène Delacroix.

Sie erfand noch ein paar Teilfiguren hinzu, die in eine komplett andere Richtung gingen, wie die Teilfigur der Wissenschaftlerin oder ein naives, verwöhntes Kind. Diese schafften es bei den Proben nicht in die endgültige Assoziationsbibliothek, sie verstärkte trotzdem die Entscheidung der Stärke der anderen Teilfiguren/Signalbilder.

Die Mutter: Die Mutterfigur Mary aus „Precious – Das Leben ist kostbar" von Lee Daniels wurde zur stärksten Assoziation dieser Teilfigur.

Die Szene im Sozialamt, in der Mary ihrer Tochter Claireece erklärt, dass sie den Missbrauch an ihr nur hinnehmen konnte, weil ihr Ehemann mehr an ihrer Tochter interessiert war und

diese so zur Konkurrentin wurde. Das wurde ein starkes Signalbild.
Die Mörderin: Die Königin Cersei Lannister aus der epischen Dramaserie „Game of Thrones" lieferte die Teilfigur der Mörderin.

Szene zwischen Cersei und Margaery, 3. Staffel, Folge 8: Cersei sagt in der Auseinandersetzung zu Margaery: "If you ever call me sister again, I'll have you strangled in your sleep." Das ergab das Signalbild.
Die Geliebte: Der Charakter der Claire Fraser aus der Serie „The Outlander" wurde die Teilfigur der Geliebten.

Aus der 11. Folge der 5. Staffel ergab sich das Signalbild: die Liebeszene der beiden Zeitreisenden.
Die Intrigantin: Dina Christensen, gespielt von Faye Dunaway, in „Network" lieferte die Teilfigur der Intrigantin.

Die Szene, in der sie den Redakteur Frank Hackett manipulativ dazu bringt, sie zur Moderatorin der TV-Show zu machen, lieferte das Signalbild.
Die Verlassene/Die ungeliebte Frau: Die Rolle der Jasmin aus dem Film „Blue Jasmin" von Woody Allen, gespielt von Cate Blanchett, wurde die Teilfigur der ungeliebten Frau.

Die Szene, in der die sozial abgestiegene Jasmin unter Tränen zwei kleinen Jungen in einem Imbiss das Drama ihres Lebens erklärt: „tip big, boys" ergab das Signalbild.

Schritt 2: Verknüpfung und Zuordnung

Die junge Schauspielerin begann so den Text Satz für Satz und Sinnesabschnitt für Sinnesabschnitt zu erforschen.

Als die Schauspielerin diese Bilder nun konkret am Text anwendete, entdeckte sie schnell, dass nicht immer die vermeintlich offensichtlichste Teilfigur die spannendste Wahl für den jeweiligen Sinnabschnitt ist. Auch war sie überrascht, wie leicht sie in dieser Texterforschung die Zuordnung der Teilfiguren bewältigte und wie automatisch das jeweilige Bild „auftauchte" und die Figur durch die schnell wechselnden Stimmfarben lebendig werden ließ.

Durch die spannenden Teilfiguren war es möglich, schnelle Wechsel in den Texthaltungen zu sprechen, die das innerlich Zerrissene der Klytaimnestra spiegelte. Es war unglaublich, wie schnell der Text mit jedem Bild lebendig wurde. Ihr Stimmklang änderte sich entsprechend den Stimmungen, und das Sprechmuster der Rolle ergab sich daraus: brüchig, unlogisch und immer suchend. Die Schauspielerin erstellte sich zur Verinnerlichung eine Youtube-Playlist, in der die Signalbilder vorkamen.

So konnte sie diese immer wieder aktivieren und die Facetten der Person verinnerlichen. Die innere Bebilderung stellte sich wie selbstverständlich ein.

Von der nun „funktionierenden“ Assoziationsbibliothek ausgehend, improvisierte und ordnete sie schnell zu.

Die spannendsten Bilder verknüpften sich mit dem Text, die Bilder gaben den Worten den spontanen Sprechimpuls und somit die Energie, die Farbe und den Ton des Gedankens im Moment.

Die Zuordnung verlief rasend schnell, da die Signalbilder aus der akribischen Vorarbeit schnell abrufbar waren.

Das Wiederholen des Textes mit allen gefundenen Teilfiguren und Signalbildern zu den Sinneinheiten bestätigte klar diese vorläufige Zuteilung und festigte die erste Version.

Jeder Satz des anfänglich schwer zu sprechenden Textes wurde reflexhaft lebendig und ließ sich mühelos abrufen.

So ergab sich folgende Zuordnung der Teilfiguren und ihrer inneren Bilder zu den Sätzen 1–25:

Zuordnung der Sätze zu den Subpersonen:

Mutter: 1, 12
Mörderin: 2, 6, 10, 17, 18, 23
Geliebte: 5, 6, 7, 15, 21, 25
Intrigantin: 3, 13, 14, 20, 24
Verlassene: 4, 5, 9, 11, 16, 19, 22

Zum leichteren Einprägen können Sie die Teilfiguren farblich markieren.

Schritt 3: Let it go!

Für die Schauspielerin bestand beim Üben das Risiko, die Teilfiguren zu imitieren, anstatt den Bildern zu vertrauen.

Um das nötige Vertrauen in die Signalbilder zu erlangen, wurde es für sie zu einem Ritual, die Textreise „Bilder selbst erzeugen" zu nutzen, um die gefundenen Bilder zu vertiefen.

Die Momente, in denen alle Signalbilder zur Verfügung standen, häuften sich. Als hilfreicher Zwischenschritt erwies es sich auch, mit dem Text in die Übertreibung zu gehen, laut lamentierend die Teilfiguren zu zelebrieren. Sie konnte die Welt der Klytaimnestra leben.

Erfahrungen mit dieser Textarbeit

Den Text empfand die Studierende anfänglich als „alte Sprache", als etwas „komisch" und „schwierig" zu Sprechendes. Durch die Bildverknüpfungen fiel es ihr leichter, den Text zu begreifen, und die Sprache bekam eine Selbstverständlichkeit.

Die Schauspielerin empfand es als große Freiheit, weitere konträre Teilfiguren und Signalbilder auszutauschen oder hinzuzuerfinden.

Es überraschte sie, wie richtig es sich anfühlte, mit zum Text konträren Bildern zu sprechen, bei denen sie eine passende Verknüpfung nicht vermutet hätte. Es motivierte sie, mit den Bildern auch zukünftig zu experimentieren, da sich der klassische Text lebendig sprechen ließ, ohne alltäglich zu klingen, die gesamte Prosodie des Textes stellte sich über ihre persönliche Verknüpfung zum Inhalt ein.

BILDER SPRECHEN

IN DER CHORARBEIT

„Der Chor als großartige Erfindung des Theaters, der Chor überlegt, kommentiert, singt, rezitiert und sagt ‚Ich' aus vielfachem Mund."

Werner Strub

Derzeit bietet fast jeder Spielplan ein Stück mit einem Sprechchor. Der Sprechchor ist ein eindrucksvolles künstlerisches Gestaltungsmittel und Theatererlebnis, er kann – und sollte – die Zuhörer*innen berühren, und er kann auch zum Denken anregen.

Wie ist das möglich? Ein Chor ist wie *eine* große, aus vielen einzelnen Figuren zusammengesetzte Bühnenfigur, und die Methode von *Bilder sprechen* kann hier par excellence eingesetzt werden.

Es gibt verschiedene Arbeitsweisen, ein Ensemble in ein Chorsprechen zu leiten:

Eine Möglichkeit ist, einen Chor über Metrik, Textform, einen gemeinsamen Rhythmus, synchrone Körperbewegungen oder Musik in eine Sprecheinheit zu bringen. Dabei besteht allerdings auch die Gefahr, dass die Gruppe der Versuchung unterliegt, gemeinsam „eintönig" zu sprechen, sich zu sehr aufeinander verlässt, davon ausgeht, dass Sprechpausen im Text automatisch ausgeführt werden. So kann das unbedingt notwendige aktive Denken, Handeln und Fühlen jeder einzelnen Sprecher*in im Chor verloren gehen – und das ist nicht der Sinn und nicht die Bedeutung eines Chors in einem Theaterstück.

Um einen Chor für die Zuhörer*innen sinnlich erlebbar zu machen, ist es wichtig, dass die Musikalität des Chorsprechens durch die Verbindung zum Inhalt entsteht. Die Sprechpartitur ergibt sich dabei auch in der Chorarbeit über die Verknüpfung des Textes mit den inneren Bildern. Sie bestimmt die Betonung und Lautstärke, sucht sich die Intensität und den adäquaten Ausdruck.

Bilder sprechen bietet sowohl für die einzelnen Sprecher*innen als auch für die Chorgruppe gemeinsam eine Möglichkeit, diese so notwendige Verbindung zum Text zu finden. Es fördert die Individualität der Sprecher*innen im Ensemble und führt so verstärkt zu einem gemeinsamen Sprechausdruck, die Prosodie, also Tempo, Pausen, Rhythmus, Dynamik, Modulation, Klangfarbe, Artikulation, ergibt sich durch *Bilder sprechen* auf organische Weise.

So verschmelzen die Stimmen zu *einer* Chorstimme, indem gemeinsam *Bilder sprechen* praktiziert wird, ohne ein mechanisches Sprechen und ohne absichtsvolle Blickkontakte als Aufforderung zum gemeinsamen Sprechen. Die inneren Stimmen werden nach außen gebracht und pastorale Klänge oder ein allgemeiner Betroffenheitston eliminieren sich durch die präzisen Bilder der einzelnen Sprecher*innen von selbst: Die persönliche Stimme ergänzt die der anderen – und durch diese Wechselwirkung ergibt sich das Stimmbild im Raum.

Um beim Publikum anzukommen, es zu berühren, es zum Denken zu bringen, sollte ein Chor immer lebendig sein und sich an der natürlichen Sprechweise orientieren.

Ablauf

Hat ein Regisseur eine vorgefertigte Sprechfassung für den Chor, dann bietet *Bilder sprechen* den Akteur*innen die Möglichkeit, diese mit Inhalt anzureichern und ihre persönliche Sprechabsicht zur Darstellung zu motivieren. Alternativ kann sich auch durch das gemeinsame Erforschen des Textes durch *Bilder sprechen* eine gemeinsame Sprechform entwickeln. Mit dieser so gefundenen Form kann die Regie das Stück weiter ausarbeiten.

Schritt 1: Anreichern

Probenverlauf Chorarbeit mit Bilder sprechen
In der Vorbereitung der ersten Phase lesen die Schauspieler*innen den Text für sich einzeln halblaut, dennoch gemeinsam im Raum.

Anschließend machen sie ihre Gedanken hörbar und besprechen ihre Eindrücke, Assoziationen und Bilder. Es werden Sinneinheiten festgelegt und eine erste Textstruktur geschaffen.

Teilfiguren

Im nächsten Schritt sammeln sie Teilfiguren oder erfinden sie gemeinsam. Es können sich Teilfiguren ergeben wie: Täter, Tiermensch, Professor, Kind, Drogensüchtiger, Intellektueller, Edler, Suchender, Phobiker, Machthaber, Unschuldiger etc.

Signalbilder

In der nächsten Phase liest jede*r laut für sich und assoziiert Signalbilder zu diesen Teilfiguren, z. B.: Teilfigur Phobiker – Signalbild Ron Weasley aus „Harry Potter"; Täter – Signalbild Hannibal Lecter; Unschuldige – Signalbild Marilyn Monroe; Intellektueller – Signalbild Alexander Kluge etc.

Jede*r Sprecher*in erprobt (dann) seine/ihre Signalbilder im lauten Sprechen für sich.

Schritt 2: Verknüpfen

Die Chormitglieder erforschen und proben nun gemeinsam.

Frei im Raum werden zu jeder Sinneinheit alle möglichen Signalbilder von der Gruppe angesagt und spontan gemeinsam gesprochen.

Hier ergibt sich ein schnelles Ausschlussverfahren, intuitiv entscheidet die Gruppe, das passende Signalbild zu sprechen, der passende stimmliche Ausdruck führt zu einer Hundert-Prozent-Entscheidung aller Teilnehmer*innen für eine Teilfigur.

It's magic!

In Ausnahmefällen kann die Gruppe aufgeteilt werden, und es werden zwei Signalbilder parallel gesprochen.

Durch die vielfache Wiederholung aller Teilfiguren ergibt sich eine Vertrautheit im Ensemble und eine Selbstverständlichkeit des gemeinsamen Sprechens.

Schritt 3: Let it go!

Angebote geeigneter Signalbilder einzelner Sprecher*innen werden durch die Wiederholung der ganzen Gruppe auf die Stimmigkeit in der Endfassung überprüft.

Der theoretische Text wird nun durch die präzise innere Bebilderung zu einer realen Situation, er kann nun lebendig gestisch gesprochen werden. Die Notwendigkeit der Gruppe, diese inneren Bilder gemeinsam mitteilen zu müssen, lässt so den Text authentisch werden, da dieses Vertrauen zueinander das mögliche Abtauchen der Einzelnen verhindert.

Fehlerquellen einer Chorarbeit wie zu äußerlich, zu laut, zu schnell, zu langsam oder zu undeutlich zu sprechen, eliminieren sich in diesem Arbeitsprozess von selbst.

Über die so gefundene gemeinsame Textinterpretation findet die Gruppe zu einer konkreten wiederholbaren Situation und zu ihrem Rhythmus. In den Wiederholungen finden die Sprecher*innen den Mut zu extremen Äußerungen und können diese im Spiel realisieren, niemand verlässt sich nur auf die anderen – die Gruppe führt und wird geführt.

Bilder sprechen verhilft somit zu einer lebendigen Chorstimme, in der Tempo, Dynamik, Melodie und plastische Artikulation wie selbstverständlich entstehen.

Übung: Chorarbeit

Gedanken hören: Gemeinsames Lesen in Stille im Raum.

Gedanken aussprechen: Gemeinsames Gespräch: das Thema des Textes und ihre Assoziationen benennen.

Vorläufige Struktur festlegen: Sinneinheiten des Textes besprechen und notieren.

Anreichern/Erfinden: Gemeinsam Teilfiguren erfinden und notieren.

Bilder finden: Jede*r assoziiert für sich Signalbilder zu den Teilfiguren.
Verknüpfen/Bilder sprechen: Gemeinsam erforschen und proben: Die Signalbilder der einzelnen Sprecher*innen werden mitgeteilt und in der Gruppe spontan durch Imitation gesprochen.

Üben, üben, üben!
Let it go! Vertrauen Sie Ihren Hausaufgaben: Die stärksten Bilder werden im Ensemble zum gesprochenen Bild.

Das Ergebnis sollte aussagefähig sein, einen differenzierten sprachlich-stimmlichen Ausdruck haben und im Kontakt mit den Zuhörer*innen selbstverständlich und ohne Druck sein.

Über diesen Prozess entstehen eine gedankliche Dichte und die stimmliche Kraft des Chors.

Ohne Gruppen- und Betonungszwang lässt der Chor der Teilfiguren die Symphonie der inneren Bilder, gedanklich verdichtet und versinnbildlicht, durch das „gesprochene Bild" den Raum erfüllen.

Arbeitstexte für Chorarbeiten
„Herakles 2 oder die Hydra" von Heiner Müller
„Ein Sportstück" von Elfriede Jelinek
„Die Perser" von Aischylos
„Die Bakchen" von Euripides

IT'S MAGIC – WHY IT WORKS

„Nichts ist drinnen, nichts ist draußen;
Denn was innen, das ist außen“.

Johann Wolfgang von Goethe, „Epirrhema“

Nun haben wir viele Beispiele gebracht, und manch einer wird sich fragen: Ist das nicht umständlich?

Nein, ganz und gar nicht, die Methode geht schnell in Fleisch und Blut über. Nachdem wir die psychologischen Grundlagen erklärt und uns dann der Praxis gewidmet haben, möchten wir noch einmal kurz zusammenfassen, warum die Methode so gut funktioniert.

Das Gehirn liebt es zu verknüpfen. Darunter versteht man die Bildung von Veränderungen im neuronalen Netzwerk. Das Gehirn ist ein außerordentlich komplexes Organ. Hundert Milliarden Nervenzellen kommunizieren miteinander. Beim Lernen werden neue Reize gesetzt.

„Wenn jemand anfängt, intensiv ein Instrument zu spielen, zum Beispiel Geige, dann sieht man Veränderungen in Hirnbereichen, die zuständig sind für die motorische Steuerung der Finger, weil man beim Geigespielen eben sehr viel Feinmotorik und sehr genaue Kontrolle und sehr genaues Timing der Finger braucht“ (Nicholas Schuck, Max-Planck-Institut für Bildungsforschung Berlin).

Gerd Kempermann, Professor für Neurowissenschaften an der TU Dresden, versteht unter Neuroplastizität „die wechselseitige Beziehung von Struktur und Funktion. Also, wie ändert sich das Gehirn, wenn ich es benutze, und wie verändert das veränderte Gehirn wiederum mein Handeln? Und diese Schleife, dieser Feedback-Mechanismus, das nennt man Plastizität.“

Durch bildgebende Verfahren hat das Wissen um unseren „Arbeitsspeicher“ Gehirn deutlich zugenommen. Die stärkste Eindruckskraft auf das Gehirn haben Bilder. Ein kleines Beispiel: Jeder erwachsene Mensch erinnert sich sehr genau, wo er war und in welchem Umfeld er die schockierenden Bilder der einstürzenden Zwillingstürme in New York gesehen hat. Die Bilder haben sich unvergesslich ins Gehirn eingebrannt.

Aber es muss nicht immer so dramatisch zugehen.

Das Gehirn trifft seine eigene Auswahl an Erinnerungen. So kann es sein, dass bei einem Bildungsurlaub eine wunderbare gotische Kathedrale besucht wurde. Wie diese im Detail aussah, hat das Gehirn längst durchgewunken, also beschlossen, die Details dem Langzeitspeicher nicht zuzuführen. Aber wie das Abendessen im kleinen Restaurant nebenan schmeckte und wie schön die Stimmung gewesen ist, das hat sich das Gedächtnis bewahrt.

In unserem Fall: Texte werden mit emotionalen Inhalten und Bildern aufgeladen. Nach mehrfacher Wiederholung ist die stimmige Assoziation eingespeichert und somit ist der Text lebendig geworden. Wir möchten noch einmal betonen, dass wir eine Schnittstelle zwischen dem Sprechen und der schauspielerischen Darstellung abbilden, dem künstlerischen Wort. Die Gefahr bei einer Textgestaltung ohne Verknüpfung mit inneren Bildern ist immer, dass die Sprache langweilig und eintönig wird. Dies können wir mit unserer Methode ausgezeichnet vermeiden. Sprache und Sprechen wird zur Kunst!

Gedächtnisinhalte, die wir bewusst erinnern können, sind im Großhirn gespeichert. Die Bedeutung von Sprache hat aber einen anderen Speicher als die akustische Erkennung eines Begriffs (Hör-Feld). Dies entzieht sich unserem Alltagsbewusstsein, denn das Gehirn hat die Verbindung selbstständig vorgenommen.

Wie selbstständig das Hirn arbeitet, das möchten wir abschließend anhand einer kleinen Geschichte demonstrieren. Die Quellenangabe dafür ist unklar, sie wurde mehrfach in verschiedener Form mündlich überliefert, und so erzählen wir sie jetzt:

Im Mittelalter, zur Zeit der Alchimisten, als man versuchte, Gold herzustellen, fragte der Schüler den Meister: „Meister, wie mache ich Gold?“ Der Meister antwortet: „Das ist ganz einfach. Du gehst um Mitternacht bei Vollmond in einen dunklen Wald und erhitzt in einem Kessel eine Liste von Ingredienzien, die ich dir geben werde. Dann rührst du mit einem langen Löffel zwölfmal links und zwölfmal rechts und lässt das Ganze erkalten. Dann setzt du dich unter einen Baum und wartest auf den Morgen. Du wirst das Gold in deinem Kessel vorfinden.

Der Schüler ist verblüfft und sagt: „Aber Meister, wenn es so einfach wäre, dann könnten es doch alle, es wäre längst gelungen." „Ach ja", sagt der Meister, „eine Kleinigkeit habe ich vergessen. Du darfst bei der Tätigkeit niemals, aber auch wirklich niemals an ein Eichhörnchen denken."

Was das Gehirn einmal verknüpft hat, gibt es ungern wieder her!

Stimmen von Künstler*innen, die mit der Methode Bilder sprechen gearbeitet haben

Eine junge Schauspielerin beschrieb ihr Arbeitserlebnis wie folgt: „In der finalen Aufnahme fiel mir besonders auf, wie sich der Ton je nach Bild ändert. Es geht dabei nicht darum, das Bild zu illustrieren, sondern es zuzulassen. Die Bilder sind da. Mein Körper merkte sich die verschiedenen Bilder, so dass ich mich voll auf das Spiel konzentrieren konnte."

Ein junger Schauspieler zum Arbeitsbeispiel Amphitryon: „Den Motor der jeweiligen Teilfiguren zu finden, zum Beispiel des Narzissten, der von der Angst zu scheitern angetrieben wird. Oder auch Gegenbilder, die einander bedingen, zum Beispiel den Brutalen und das verletzte Kind. Durch die Verknüpfung der Teilfiguren mit konkreten Bildern entstand eine Bilderkommunikation von öffentlichen und privaten Personen, Rollen aus Serien und Situationen. In diesem Prozess ergab es sich immer wieder, dass die einer Teilfigur zugeordneten Sätze die Worte emotionsvoller aufluden. Im dritten Schritt (Let it go) konnten die Teilfiguren regelrecht miteinander sprechen."

„Ich werde häufig in ähnlichen Rollen besetzt. *Bilder sprechen* hilft mir, neue Facetten zu finden und mich nicht immer nur zu wiederholen. Es fordert mich mehr, meine darstellerischen Möglichkeiten zu entdecken, und es funktioniert wirklich", berichtete eine Schauspielerin.

Schlusswort

Wir hoffen, dass Sie die hier vorgestellte Methode inspiriert, in Bildern zu sprechen; Sie darin stärkt, Ihren Umgang mit Sprache zu erweitern und auch die Leistung der Sprecher*innen aller Sprechberufe differenzierter wahrnehmen zu können; es Ihnen hilft, Ihre Gedanken in Bilder zu übersetzen, diese mit Worten zu verknüpfen und so Ihre Zuhörer*innen zu erreichen. Das ist Ihre Visitenkarte als Sprecher*in.

Sollten Sie Ihre eigene Arbeitsweise und Ihren Zugang zum Text bereits gefunden haben, dann sehen Sie unsere Methode als Ergänzung oder Anleitung, wenn Ihnen der Zugang mal schwerfällt. Verlieren Sie auf dieser Entdeckungsreise nie den Spaß und nutzen Sie die Methode frei, in der Weise, wie sie für Sie persönlich funktioniert.

Vielleicht haben Sie es schon bemerkt, bereits funktionierende Signalbilder aus Ihrer Assoziationsbibliothek lassen sich ohne Anstrengung in fast jeden Text umsetzen. Selbst wenn Sie nur ein bis zwei starke Signalbilder in Ihrem Text verknüpfen, wird Ihr öffentliches Sprechen dadurch lebendig und spontan.

Es gibt viele Arten, einen Satz zu sprechen, und am Ende in Ihrer Version doch nur eine. Sobald Sie diese gefunden haben, stellt sich eine große Freiheit in der Mitteilung ein und diese bleibt in der Wiederholung ihres Vortrags erhalten.

Sie geben Ihren Zuhörer*innen die Möglichkeit, durch die von Ihnen gesprochenen Bilder deren eigene Bilder entstehen zu lassen und durchleben zu können. Und dieses Interesse bei ihren Zuhörer*innen zu wecken, sie zu berühren, ihnen etwas zu schenken, ist das Anliegen jeder Sprecherin/jedes Sprechers.

Mit *Bilder sprechen* können Sie einem modernen, eventuell formlosen Text eine Gestalt geben und einen zu formalen Text lebendig werden lassen.

„Nicht Verstellung ist das Heil des Schauspielers, sondern Enthüllung" ist das oft zitierte Credo Max Reinhardts aus dem Jahr 1928 in seiner berühmt gewordenen Rede, die er an der Columbia University in New York gehalten hat.

Ihre Worte sollten den Gedanken dahinter vermitteln, enthüllen und nicht als Kommentar oder Erklärung dienen.

Übernehmen Sie die Verantwortung für Ihre Interpretation und lassen Sie diese auf sinnliche und echte Weise frei und im Moment zu einem gesprochenen Bild werden.

Vielleicht sagen Sie, das macht man automatisch. Okay, dann gehören sie zu den Naturtalenten und es ist eine reine Freude, Ihnen zuzuhören.

Falls nicht, hoffen wir, Sie haben Lust bekommen, vermehrt in Bildern zu sprechen.

Und jetzt beginnt die Arbeit.

Es ist ein spannendes Abenteuer, mit Text umzugehen. Viel Vergnügen!

Tipps für Bilder sprechen im Selbststudium

Die hier vorgestellten Beispiele zur Textarbeit erheben keinen Anspruch auf Vollständigkeit. Sie bieten eine Orientierung zum besseren Verständnis der Technik von *Bilder sprechen*. Jede Interpretation eines Textes ist die Visitenkarte Ihrer künstlerischen Arbeit. Das Ergebnis hängt von Ihrem Einsatz, Arbeitsaufwand und der nötigen Portion Geduld ab.

Sie können die hier vorgeschlagenen Texte selbst erarbeiten und mit den beschriebenen Ergebnissen vergleichen.

Im Idealfall erarbeiten Sie Ihre Texte mit erfahrenen Lehrenden oder Kolleg*innen, die Ihnen Feedback geben.

Ist es nicht möglich, mit einer Partner*in zu arbeiten, empfehle ich, die Übungen aufzuzeichnen, zumindest akustisch, noch besser audiovisuell. Das lässt sich ganz einfach mit einem Handy ausführen.

Dabei sollten Sie Folgendes beachten:

1. Bevor Sie mit der Textübung beginnen, sprechen Sie einige Minuten über irgendein Thema, so wie Sie mit jemandem am Telefon reden würden. Am besten berichten Sie von einer lustigen Begebenheit (Aufnahme 1). – So hören Sie Ihr selbstverständliches Sprechen im Alltag.
2. Dann sprechen Sie den vorgegebenen Text ohne Kunst und Anstrengung! Bitte das Aufzeichnen nicht vergessen, denn dies ist sozusagen die Kontrollaufnahme (Aufnahme 2).
3. Sie werden nun gemäß der vorgestellten Arbeitsschritte mit *Bilder sprechen* den Text erneut durchgehen. Erst danach zeichnen Sie es wieder auf (Aufnahme 3).
4. Vergleichen Sie nun die drei Aufnahmen hinsichtlich Ihrer Interpretation, des Stimmklangs und der Sprechenergie. Zuerst Aufnahme eins (der improvisierte Text) mit der Aufnahme zwei. Dann Aufnahme zwei mit der Aufnahme drei. In einem gelungenen Verlauf sollte Ihre Stimme in den Aufnahmen eins und drei authentisch klingen, denn die Energie

Ihrer Gedanken und Worte stehen durch die inneren Bilder miteinander im Einklang.

Einen Text zu reproduzieren ist ein unnatürlicher Vorgang. Den Text in diesen Arbeitsschritten festzuhalten hilft Ihnen, Ihre inneren Bilder zu überprüfen und zu sehen und zu hören, ob Sie im Moment des Sprechens voller Energie sind. Die Erkenntnisse, die Ihnen beim Vergleich der Aufnahmen auffallen, können Sie schriftlich festhalten. Auf diese Weise halten Sie den Weg Ihrer Interpretation fest und können diese weiter perfektionieren.

Tipps für Bilder selbst erzeugen im Selbststudium

Die Methode, innere Bilder in sich abzurufen, wurde zuerst von C. G. Jung (Imagination), dann von H. J. Schultz (Oberstufe Autogenes Training) und schließlich von Hanscarl Leuner (katathymes Bilderleben, später KIP) entwickelt. Kurz gesagt fußt sie auf der Annahme, dass unser Unbewusstes ein Schatz ist, auf den wir zurückgreifen können. Rufen Sie das kreative Potenzial, das in Ihnen steckt, einfach ab.

1. Entspannung:
Machen Sie es sich bequem, schließen Sie die Augen und führen Sie eine kleine Entspannungsübung durch. Sollten Ihnen geschlossene Augen unangenehm sein, so schauen Sie einfach auf eine leere Wand und stellen sich vor, dass dort das innere Kino abläuft. Sagen Sie zu sich selbst in Gedanken: Ich fühle mich ruhig und entspannt, frei und leicht und ich bin bereit für alles, was auftaucht. Genauso gut können Sie die Formeln des autogenen Trainings verwenden (Schwere, Wärme, Rhythmus).

2. Vorstellung:
Sie haben bei der Vorarbeit Teilpersönlichkeiten und Facetten herausgearbeitet. Lassen Sie diese nun vor Ihrem inneren Auge

ganz deutlich werden. Zum Beispiel: Wie sieht sie aus? Wie ist sie gekleidet? In welcher Umgebung sehe ich sie? Denken Sie an die klassischen W-Fragen, die wir bereits erläutert haben. Für diese Phase können Sie sich so viel Zeit nehmen, wie Sie mögen.

3. Aufwecken:
Es ist ganz wichtig, eine aktive Entspannung wieder aufzuheben. Wenn sie genug haben, ballen Sie die Fäuste und ziehen Sie sie mit einem kräftigen Ruck an die Brust. Das können Sie dreimal wiederholen. Kräftig ausatmen, strecken und räkeln. Anschließend trinken Sie einen Schluck Wasser.

4. Aufschreiben:
Machen Sie sich Notizen zu den inneren Bildern. Es ist sicher etwas dabei, das Sie für Ihren Text gebrauchen können, vielleicht sogar eine Überraschung, auf die Sie mit wachem Hirn nie gekommen wären.

Notfallklausel:
Sollte etwas aufgetaucht sein, das sie irritiert, sprechen Sie bitte mit einer Vertrauensperson. In Einzelfällen kann man vor einem inneren Bild auch erschrecken. Dann machen Sie einfach die Augen auf und brechen die Übung ab. Es ist sehr wichtig, dass etwas Unklares nicht unbesprochen im Raum stehen bleibt. Und wenn nichts auftaucht – auch nicht schlimm! Dann haben Sie sich gut entspannt.

ARBEITSBLATT ZU BILDER SPRECHEN

STÜCK ____________________

INHALT ____________________

FIGUR ____________________

TEILFIGUR	ABLEITUNG	SIGNALBILD

DIE HAUPTFIGUR UND IHRE TEILFIGUREN

Zum Benennen und Finden der Hauptfigur und ihrer Teilfiguren sind hier einige Beispiele aufgelistet:

HAUPTFIGUREN Mutter, Vater,
Kind, Tochter, Sohn,
Ehemann, Ehefrau, Geliebte,
Freund, Waise etc.

BERUFE	TEILFIGUREN	
Architekt	Anarchist	Retter
Anwalt	Künstler	Saboteur
Autor	Casanova	Heilige
Detektiv	Clown	Verführerin/Verführer
Richter	Erfinder	Suchende
König/Königin	Führer	Gedankenleser*in
Prinz/Prinzessin	Kommunikator	Dienerin/Diener
Botschafter	Zerstörer	Spion
Mönch	Träumer	Dieb
Nonne	Femme fatale	Opfer
Krankenschwester	Spieler	Kämpfer*in
Prediger	Guru	Weise*r Frau/Mann
Pfarrer	Heiler	Workaholic
Prophet	Held	Paranoide
Prostituierte	Heimatloser	Zwangsgestörte
Schüler/Schülerin	Journalist	
Wissenschaftler	Verlierer	
Sekretärin	Zauberer	
Lehrer/Lehrerin	Meister	
Therapeut*in etc.	Mentor	

FILME ZU TEILFIGUREN UND SIGNALBILDERN

Zur Inspiration und weiteren Erforschung möglicher Signalbilder und Teilfiguren empfehlen wir, eine Liste Ihrer Lieblingsfilme anzulegen.
Am besten halten Sie die für Sie stärksten Momente im Notizbuch fest. Notieren Sie einmal spontan ihre zehn Lieblingsfilme. Welche lassen mühelos innere Bilder aufkommen?
Zur Inspiration komödiantischer oder dramatischer Texte seien hier einige Filmklassiker aufgelistet:

	FILMBEISPIELE	GENRE	HAUPTFIGUR
1.	**Citizen Kane**	*Drama, 1941*	Alphatier
2.	**Der Pate**	*Drama, 1972*	Mafioso
3.	**Casablanca**	*Drama, 1942*	Widerstandskämpfer
4.	**Wie ein wilder Stier**	*Boxerdrama, 1980*	Boxer
5.	**Du sollst mein Glücksstern sein**	*Musical, 1952*	Verliebte
6.	**Vom Winde verweht**	*Historiendrama, 1939*	Kämpferin
7.	**Lawrence von Arabien**	*Historiendrama, 1962*	Held
8.	**Schindlers Liste**	*Drama, 1993*	Retter
9.	**Vertigo**	*Thriller, 1958*	Psychopath/Visionär
10.	**Der Zauberer von Oz**	*Fantasyfilm, 1939*	Abenteurerin

11.	**Lichter der Groß-stadt**	*Stummfilm, 1931*	Landstreicher
12.	**Der schwarze Falke**	*Western, 1956*	Rächer
13.	**Krieg der Sterne**	*Science-Fiction, 1977*	Suchender
14.	**Psycho**	*Thriller, 1960*	Psychopath
15.	**2001: Odyssee im Weltraum**	*Science-Fiction, 1968*	Astronaut
16.	**Boulevard der Dämmerung**	*Drama, 1950*	Filmstar
17.	**Die Reifeprüfung**	*Drama, 1967*	Verführerin
18.	**Der General**	*Stummfilm, 1926*	General
19.	**Die Faust im Nacken**	*Drama, 1954*	Draufgänger
20.	**Ist das Leben nicht schön?**	*Tragikomödie, 1942*	Verzweifelte
21.	**Chinatown**	*Kriminalfilm, 1974*	Detektiv
22.	**Manche mögen's heiß**	*Liebeskomödie, 1959*	Träumer
23.	**Früchte des Zorns**	*Historiendrama, 1940*	Vertriebene
24.	**E.T. – Der Außerirdische**	*Science-Fiction, 1982*	Außerirdische
25.	**Wer die Nachtigall stört**	*Kriminaldrama, 1962*	Anwalt/Verteidiger
26.	**Mr. Smith geht nach Washington**	*Tragikomödie, 1939*	Politiker
27.	**Zwölf Uhr mittags**	*Western, 1952*	Gangster
28.	**Alles über Eva**	*Drama, 1950*	Narzisstin
29.	**Frau ohne Gewissen**	*Thriller, 1944*	Kriminelle
30.	**Apokalypse Now**	*Kriegsfilm, 1979*	Mörder
31.	**Die Spur des Falken**	*Kriminalfilm, 1941*	Detektiv
32.	**Der Pate – Teil 2**	*Gangsterdrama, 1974*	Gangster

33.	**Einer flog über das Kuckucksnest**	*Drama, 1975*	Rebell
34.	**Schneewittchen und die sieben Zwerge**	*Animationsfilm, 1937*	Prinzessin
35.	**Der Stadtneurotiker**	*Liebeskomödie, 1977*	Neurotiker
36.	**Die Brücke am Kwai**	*Kriegsfilm, 1957*	Märtyrer
37.	**Die besten Jahre unseres Lebens**	*Drama, 1946*	Überlebende
38.	**Der Schatz der Sierra Madre**	*Abenteuerfilm, 1948*	Abenteurer
39.	**Dr. Seltsam oder: Wie ich lernte, die Bombe zu lieben**	*Komödie, 1964*	Geistesgestörter
40.	**Meine Lieder – meine Träume**	*Drama, 1964*	Träumerin
41.	**King Kong**	*Monsterfilm, 1933*	Heldin
42.	**Bonnie und Clyde**	*Gangsterdrama, 1967*	Verbrecher
43.	**Asphalt-Cowboy**	*Drama, 1969*	Träumer
44.	**Die Nacht vor der Hochzeit**	*Komödie, 1940*	Verliebte
45.	**Mein großer Freund Shane**	*Western, 1935*	Fremder
46.	**Es geschah in einer Nacht**	*Komödie, 1934*	Verliebte
47.	**Endstation Sehnsucht**	*Drama, 1951*	Borderliner
48.	**Das Fenster zum Hof**	*Thriller, 1954*	Voyeur
49.	**Intoleranz**	*Stummfilm, 1916*	Intolerante
50.	**Herr der Ringe – Die Gefährten**	*Fantasyfilm, 2001*	Held

Literatur

Adler, Stella: Die Schule der Schauspielkunst: The Art of Acting. 22 Lektionen. Henschel Verlag, 2008.

Aischylos: Die Perser. Übers. Durs Grünbein. Suhrkamp Verlag, 2001.

Büchner, Georg: Leonce und Lena. Reclam, 2002.

Büchner, Georg: Woyzeck. Reclam, 2022.

Busch, Wilhelm: Max und Moritz. In: Der große Busch, hg. von Rolf Hochhuth. Bertelsmann Sonderedition, 2022.

Copei, Friedrich: Der fruchtbare Moment im Bildungsprozess. Verlag Quelle & Meyer, 1962.

Devereux, George: Träume in der griechischen Tragödie. Eine ethnopsychoanalytische Untersuchung. Suhrkamp Verlag, 1982.

Dössel, Christine: „Schöne Stimmen". Süddeutsche Zeitung, 30.4.2016.

Euripides: Die Bakchen. Übers. Oskar Werner. Reclam, 1975.

Goethe, Johann Wolfgang von: Epirrhema. https://gedichte.xbib.de/Goethe_gedicht_Epirrhema.htm

Jelinek, Elfriede: Ein Sportstück. 6. Ed., Rowohlt Taschenbuch, 1999.

Kleist, Heinrich von: Amphitryon. Reclam, 1986.

Mitscherlich, Alexander: „Kekulés Traum. Psychoanalytische Betrachtung einer chemischen Legende." Die Zeit 38/1965.

Müller, Heiner: Herakles 2 oder die Hydra. In: Werke 2: Die Prosa. Suhrkamp 1999, S. 94–98.

Rilke, Rainer Maria: Briefe an einen jungen Dichter. Insel, 2019.

Schulz von Thun, Friedemann: Miteinander reden. Band 3, rororo TB, 1988.

Sophokles: Elektra. Übers. Wolfgang Schadewaldt. Reclam, 2001.

Strub, Werner: Masken für ein imaginäres Theater. Panorama Verlag, 1987.